JN117069

弱さを愛せる社会へ

「分断の時代を超える令和の幸福論」

野澤和弘 Nozawa Kazuhiro

中央法規

弱さを愛せる社会へ……分断の時代を超える「令和の幸福論」

はじめに

どこへ私たちは行こうとしているのだろう。

未来のことは誰にもわからない。淡い月明かりを頼りに不安を抱えて歩いているようなものだ。ふと立ち止まって振り返ったときに、やってきた道のりの長さや険しさに気づく。

そして、過去から吹いてくる風に、これから歩むべき方向を感じ取ろうとするのである。

バブル崩壊から今日まで経済の停滞と社会の劣化は続く。「失われた30年」とも呼ばれる。少子高齢化が進んで社会全体が地盤沈下していくような不安の広がりも感じる。

特に1995年に起きた地下鉄サリン事件や阪神・淡路大震災は社会の崩落を象徴するものとして歴史に刻まれることになった。未曽有の震災や事件がもたらした戦慄と混乱は日本社会の変質を決定づけたが、今振り返ってみると絶望ばかりが社会を覆っていたわけではない。

阪神・淡路大震災や地下鉄サリン事件の翌年、小さなやさしい風が吹いた。

これまで見向きもされなかった社会的弱者といわれる人々に社会や政治が手を差し伸べたのである。薬害エイズ訴訟の和解、らい予防法や優生保護法の廃止、障害者虐待の報道はいずれも1996年に起きた。

ただの偶然かもしれない。しかし、社会が崩落していくなかで、私たちは自らのなかにある弱さを見つめ、やさしさを抱きしめようとしたのだ。そうした人々の心が風を起こした。騒乱にかき消されてしまうほどの小さな風ではあったが、報道の現場で私は確かに感じた。

失われた時代は30年を過ぎようとしている。私たちは依然として不安と閉塞感に襲われている。むしろ社会的格差は広がり、数少ない勝ち組と目されてきた大企業の中高年正社員も厳しい状況に追いつめられている。

それでも、薄暗がりのなかでは見えないだけで、乾いた荒れ地から小さな芽が出てくるのを感じたりもする。

東京大学で「障害者のリアルに迫る」ゼミを開講して10年になる。ほとんど身体が動かない重度の障害者も駒場キャンパスの教室にやってくる。目の前で彼らを見て、声を聞き、言葉を浴びる。自分の感性と知性で正解のない問いに向き合う。受験勉強では味わえない体験をするゼミなのである。

学歴社会の頂点に駆け上がった学生たちが、重度障害者の言葉に心を震わせている場面を何度見ただろうか。バブルを知らず、坂道を下っていく社会のなかで育った東大生たちの価値観が軋《きし》む音が聞こえてくる。

未来を絶望の色で塗りつぶしてしまうわけにはいかない。小さな芽が無数に顔を出し、荒れ地が一面緑に変わる日を信じて、あのころ吹いた風をもう一度探す旅に出よう。

本書は毎日新聞「医療プレミア」(WEB)の連載「令和の幸福論」をベースに大幅な加筆修正のうえ、再構成したものです。

弱さを愛せる社会へ……分断の時代を超える「令和の幸福論」◆目次

第1章

あの風はどこへ……1996年から考える

日本が下降した30年

予想を超える勢いで少子高齢化が進み、社会全体の地盤が沈んでいくのが今の日本だ。生まれてくる子どもは減り続けているのに、その子どもたちへの虐待は増加の一途をたどっている。いじめ、不登校、自殺も過去最悪の水準を続けている。

子どもは社会を映す鏡だ。大人たちが漠然とした不安に覆われ、何か安心できそうなものにしがみついている。場当たり的に対策を打っても、少子化はアリ地獄のように進み、崩れていく砂に飲み込まれながら、心のどこかで自分だけは救われたいともがいている。不寛容な管理社会が子どもを窒息させていることへの自覚もなく、不安から逃れたくてますます管理を強め、未来をすりつぶしてはさらに不安を膨らませている。

危機は突然起きたわけではない。日本中がバブルに踊っていた１９９０年代からすでに始まっていた。それに気づき、進路を変える好機がありながら、目をつぶってきたのだ。

報道の現場で、いじめ、ひきこもり、子どもや障害者の虐待などの記事を私は書いてきた。ジャーナリズムは歴史の最初の記録者といわれる。目の前で起きていることを記録するだけでなく、声なき声を聞き、埋もれている時代の真実を社会に伝え、政治や行政を動かす役割を担っている。今日の危機的な状況に対する責任はジャーナリズムにもある。それゆえ、私自身が未来に対する不作為の加害者でもあるのだ。

私たちは未来がすりつぶされていくことへの罪を自覚すべきだ。地図にはない暗い道を歩きながら、希望を見つけなければならない。どこかにあるはずだ。得体の知れない不安におびえ、目の前の安心にしがみついていたのでは見えないだけで、過去から吹いてくる風が教えてくれるはずである。

まず、絶頂期にあったバブルから急降下した30年余の社会について、私自身が目撃してきたことを述べたい。

バブルに沸く社会の裏で

未明の緑地公園で19歳と20歳の男女が少年グループに襲われたのは、1988年2月のことだった。二人は車に監禁され連れ回された末に惨殺された。

逮捕された少年たちのほとんどが貧困家庭に生まれ、虐待やいじめを受けながら育ってきた。知的障害や発達障害を疑われる少年もいたが、凄惨《せいさん》な犯行の衝撃がそのようなことに目を向けるのを許さなかった。主犯の19歳には一審の名古屋地裁で死刑が言い渡された。

この事件にこだわるのは、低年齢の非行に対しても厳罰化を求める少年法改正へのきっかけになったからであり、事件発生の当初から私自身が最前線で取材していたからである。シンナーを密売していた非行少年たちによる凶悪事件というのは一面的な見方にすぎない。少年たちを凶行に駆り立てたものにちゃんと向き合わねばならなかった。立ち止まってじっくりと個々の背景を掘り起こさなければならなかった。ジャーナリズムとして当時の日本社会に強く警鐘を鳴らすべきものがそこにあった。罪責感とともに現場のにおいが記憶の底に今も残る。

当時、日本中がバブルに熱狂していた。株や不動産の価格は天に上る勢いで、日本企業がアメリカの富の象徴であるロックフェラーグループやコロンビア映画を買収したことが話題になった。「ジャパン・アズ・ナンバーワン」。日本の経済力が世界を席巻し、当時の日本はまさに有頂天だった。駅前の喫茶店で、投資について指南する男性を中高年の女性たちが目を輝かせて囲んでいる場面に遭遇したことがある。バブルの波は投資家や地上げ屋だけでなく、どこにでもいる主婦やサラリーマンにも押し寄せていた。

ところが、沸騰するバブルの熱気とは裏腹に、若い世代にはどこか生きている実感のないような空疎な気分が漂っていた。一般のメディアにはまだ存在を知られていなかったが、やり場のない若者の心情を歌う尾崎豊というロックシンガーは若者たちの「教祖」と呼ばれていた。

昨日まで校内暴力が吹き荒れていた学校は静かになり、いじめや不登校が子どもたちの間にじわじわ広がっていた。

特ダネ競争への違和感

新聞記者になって5年目の私は、警察本部の捜査一課担当として殺人事件の取材に追われていた。

自分が選んだ職業に対する漠然とした違和感ははじめからあった。入社したばかりの新聞記者にとって、警察取材は絶対的なものだった。警察官に気に入られてネタ(情報)を取ることができるかどうかで記者としての素質が測られる。ネタの価値はといえば、だいたい刑罰の重さに比例していた。あるいは手口のおもしろさ、容疑者の意外性であったりした。

大きな記事になるかどうかの評価の尺度は、捜査をして記者発表をする警察の価値観に影響された。有罪判決が確定するまでは推定無罪の原則があることを大学の授業で学んだが、当時は捜査の段階から容疑者は呼び捨てで報道していた。逮捕もされず任意で書類送検される人にも敬称は付けず実名で報道した。

ライバル社よりいち早く報道すると「特ダネ」とされて会社内や業界内で評価される。逆に自分だけ知らずに記事にできないと「特オチ」といって評価が地に落ちる。ネタの内容よりも特ダネをどれだけ取るかのゲームをしているような感覚だった。ゲームに勝てばそれなりの快感を得ることはできたが、もっと切実で本質的なことに目を向けなければならないのではないかという疑念が頭の片隅にいつもあった。

初めての子に重い障害のあることがわかったことも心を重くさせていた。家族の未来に重い不安が垂れこめ、深い井戸の底に取り残されたような気がしたものだ。

少し触れただけで血が滲《にじ》みそうなものが自分自身のなかにうずいており、そうしたことにもっと社会の目を向けられるような報道をしたいという渇望への自覚を拭い去ることは難しかった。日常の仕事で取材する事件のなかにも重要なことはあるはずなのに、ゲーム感覚の特ダネ競争のほうに引力がはたらいてしまう。

そんな矛盾が自分のなかでのっぴきならないほど膨れ上がった頃、東京本社へ異動することになった。１９９２年春。バブルが崩壊したことを誰もが感じる世の中になっていた。東京の街には余熱を感じたが、かつての狂騒はすっかり影を潜めていた。

息苦しい社会の「生活」を書く

山形県新庄市で中学1年の男子生徒がいじめられた末、体育館のマットに頭から押し込まれた状態で死亡した事件は1993年1月に起きた。その翌年には愛知県西尾市で中学2年の男子がいじめを苦に自ら命を絶った。二つの事件の現場を歩くと、学校ぐるみ、地域ぐるみでいじめをなかったことにしようとする大人たちに出会った。いじめられる側が悪いと言わんばかりの「ムラのおきて」は、悲しみに暮れる遺族に対する嫌がらせとなって現れた。

マスコミに騒がれることを恥と思い、その場をやり過ごすことに気を取られ、本当に守らなければならないものに目を向けようとしない。罪悪感さえかすんで消えていく。空疎な時代を感じさせるものがそこにもあった。

ひきこもりの若者や家族を取材した「ガラスのくに」という連載記事が新聞の一面に載ったのは1994年。マスコミがひきこもりを社会問題として大きく取り上げた初めての記事だった。ひきこもりをネガティブに見てはならない。むしろ、社会が息苦しくなっていくのを傷つきやすい感受性が顕在化させているのだと認識しなくてはならない。きらびやかに見える繁栄に潜んでいる脆《もろ》さ、バブルの実体を暗示する日本社会の自画像がそこにある、そう思った。

いじめ、ひきこもりの記事に対する読者からの反響は大きかったが、新聞社内でこうしたテーマが主流になることはなかった。政治や世界経済の動きを追い、権力を監視することがジャーナリズムの本分と信じられていた。

捜査当局や新聞社内の価値観に引きずられることなく、生活する人々にとって身近な問題を記事にできたのは、私の仕事を肯定的に見てくれた幹部や先輩記者が何人かいたからである。読者からの好意的な意見がたくさん届いたことも大きな支えになった。

しかし、伝統的なメディアが長年にわたって築いてきた岩盤はそんなことくらいでは揺らぎはしない。捜査当局や行政機関の捜査・調査の裏づけがなく、記者が取材で知り得た情報をよりどころにした、いわゆる調査報道に関してはまだ成熟していなかったせいかもしれない。特に、一般市民の私生活に踏み込んだ記事に対しての評価が十分に確立してはいたとはいえない。「特ダネ」に代表される社内評価の軌道からは外れた記事であり、やはり私は主流から外れた記者だった。

真実を追っているときは孤独を感じる。ただ、国家権力を監視したり、統治する側の視点で社会を眺望したりするのとは違い、個人の私生活に焦点を当て、生身の人間の苦悩と幸福について社会化することにやりがいを感じることはできた。

社会が成熟してくると、政府や公的機関の役割は次第に限定的なものになり、一人ひとりの暮らしに関心の比重は高まってくる。個人の自由と多様性を享受できる社会を実現するためには、ジャーナリズムはこれまでとは違う役割が求められているのだと思う。

1995年という転換点

バブル崩壊後、あらゆるものが軋む音を立てて傾いていった。時代の転換期を象徴する出来事が相次いで起きたのは1995年である。

阪神淡路を襲った直下型の大地震が起きた朝、被災地からマンション倒壊の速報が続々と飛び込んでくる衝撃が東京の編集局も揺るがせた。通信が寸断された現地の記者が地元の支局や大阪本社への電話がつながらず、東京へ電話をしてきた。記者の目の前で起きている生々しい被災の状況を社会部サブデスク席の電話で私は書き留めていた。長年にわたって築き上げてきた都市のインフラが直下型地震で脆《もろ》くも崩壊する。当たり前のように私たちが信じている日常の永続性など幻想にすぎないことを見せつけられた。

オウム真理教が東京の地下鉄でサリンを同時多発的にまいた事件では、被害を受けた人々が運び込まれてくる聖路加病院へタクシーを飛ばした。担架に乗せられた被害者だけでなく、医師やレポーターの女性も床にへたり込んでいる。まるで野戦病院のような光景に現実感が遠のいていった。

平和や安全を脅かす狂気は日常の豊かさのなかでひっそりと醸成される。オウム真理教の信者のなかには裕福な家庭で育った高学歴の若者が珍しくなかった。平和で豊かな社会に育った若者たちが何となく生きる目的を見つけることができず、生きている意味がわからずに浮遊している。そうした心の空白を狂信的な教義がたやすく染めていった。戦後の日本社会が追い求めてきた繁栄。その虚しい実像を露呈したのがオウム真理教事件だった。

「安全神話」の崩壊はそれだけではない。見えないところでも社会の断層は広がっていった。日本経営者団体連盟(日経連)が「新時代の『日本的経営』――挑戦すべき方向とその具体策」を発表し、非正規雇用の増大を促し一億総中流社会を放棄する路線を示したのである。従業員全体を疑似家族のように守りながら発展してきた会社は雇用労働が増え続ける日本人の安心の源であった。従業員の家族も含めて安心の傘で守られてきた。それが、疑似家族などではなく、契約に基づく単なる労働力にすぎないと宣言されたのである。それ以降、家族や地域、会社内の人間関係のつながりが緩んでバラバラに解けていった。

これらは、1995年に起きた。空前絶後の震災と犯罪、そして日本型経営の大転換。運命的なものを感じさせられる。分不相応のバブルに酔いしれた日本の目を覚まさせるために人知を超える大きな力がはたらいたような気がしてくる。バブルの頂点から真っ逆さまに落下していく社会の前線で、信じがたい出来事の数々を目撃した私自身のなかにも不安と恐怖がトラウマのように残っている。

薬害エイズと障害者虐待

過去からの連続性の先に現在はある。その過去を変えることは誰にもできない。しかし、過去の出来事の何を教訓とするかで未来は変わる。

社会で起きる出来事を最前線で目撃し記録に残すのがジャーナリズムの仕事だとすれば、森羅万象の何を書き残すのかは決定的に重要なことだ。その任に耐え得る仕事をしてきたと胸を張ることができるだろうか。自らを省みながらメディアの力不足や自覚のない罪深さを思ってしまう。現在よりもはるかに大きな影響力をメディアがもっていた時代だったのである。

もちろん社会を変える役割を果たした報道もある。

血友病という難病の子どもたちの多くが犠牲になったのが、薬害エイズ事件だ。

１９９６年、国と製薬会社に損害賠償を求めた裁判で、被害者側の実質勝利といえる和解が成立した。血友病の権威の医師、厚生省局長(当時)、元厚生官僚で製薬会社の歴代社長が刑事事件で逮捕され、マスコミ各社は大々的な報道を繰り返した。私自身も「薬害エイズ取材班」

キャップとして報道の最前線にいた。だが、先輩記者がその何年も前に独自の調査報道で事件の実情を明らかにしていたときには、当局も他のマスコミも無視を決め込んでいた。

流れができれば、我先にとみんなが飛び乗る。逆風のときにリスクを背負ってでも言わなければならないことを言えるかどうか。そこにメディアの真価が問われる。それゆえ、流れができた1996年当時の私たちの報道ではなく、逆風のなかでの先輩記者の仕事こそ真の評価に値するものだと思う。

薬害エイズ事件の解決を見届けた後、知的障害者が雇用されている会社で身体的虐待や性暴力を受けていることを記事にしようとしたときには、私自身があからさまに上司から反対された。

「警察も事件にしないようなものをどうやって報道できるのだ。名誉棄損で訴えられる。誰が責任を取る」

障害者の証言能力を疑った捜査当局は事件の核心である性暴力について起訴を見送っていた。捜査当局の後ろ盾がない状況で、そんなことに自らリスクを負ってまで報道する価値があるのかというのである。「そんなこと」とは知的障害者が性暴力を受けていることだ。私という個人にとっては重要なことである。しかし、国家権力や統治者を相手にするマスコミにとっては取るに足らないことだと思われていたのだろう。特ダネ競争に勝って勲章を手に入れることを優先的に考える価値観からすれば、名誉棄損で訴えられるリスクを冒してまで報道するほどのものではないと思われたのだ。

それでも反骨心のある先輩や意義を理解してくれる同僚たちの力で記事を掲載することができた。全国から多くの反響があり、当初は反対していた上司も賛同してくれるようになり、その後も障害者への虐待事件の数々を報道することができた。

メディアのなかの孤独

私自身が障害のある子について何度かコラムなどの記事で明らかにしてきたことも影響しているのかもしれない。不偏不党や中立公正を旨とするマスコミのなかで私は特殊な存在と目されていた。会社の内外にシンパシーをもってくれる人々がいる一方、障害児の親という立場で障害者や家族を利する記事を書くのは報道機関としてタブーを犯しているのではないか。そんな批判も聞こえてきた。

障害者にひどい虐待を繰り返していた雇用主の男性の刑事裁判で、告訴されていた性的暴行容疑については起訴されず、補助金不正受給による詐欺罪でのみ執行猶予付き判決が下ったことに怒った被害者や支援者が裁判所の構内で男性の車を取り囲んで騒いだ。軽い刑罰しか下せない司法への怒りが噴出したのだった。警察の機動隊が動員され、支援者3人が逮捕される事態となった。地元支局の若い記者は激しい口調で私に食ってかかってきた。

「あなたたちが無責任な記事を書いて煽《あお》るからこんな騒ぎになった。どうやって責任を取るのだ」

障害者側の弁護団が性的暴行容疑で20件近く告訴したにもかかわらず、捜査当局は障害者の証言能力を危惧して起訴に踏み切らなかった。そのことを批判的に報じてきた本社の先輩記者に対して、日常的に地元の警察を取材している若い記者は腹立たしい思いを抱えていたのだろう。取材源の警察幹部からも苦情めいたことを吹き込まれていたのかもしれない。

新聞やテレビなど伝統的メディアが記者クラブ制などを通して取材当局と癒着することに対しては古くから批判されてきた。癒着と呼べるほどの利害関係よりも、心情的な一体感による記者側の自己規制や忖度《そんたく》のほうに深刻な問題がある。警察や司法は報道の「花形」であり、歴代の担当者が社内の影響力のあるポストに座っていくことで同じような価値観が再生産されては蓄積していく。障害者という少数者の権利擁護のため、警察や司法を批判する記事を書くことに対して会社内で冷たい空気が流れているのを感じたことは何度もあるが、経験の浅い後輩から面罵《めんば》されたのは初めてだった。

そのときに私が感じたのは怒りではなく、孤独だった。時代とともにメディアで仕事をする人は変わっていくが、価値観や実績が蓄積して継承され伝統や歴史となっていく。そうした大きな流れのなかで私は異質な存在だった。

確かに吹いたやさしい風

「殺さないで～児童虐待という犯罪」の連載記事を始めたのは1998年、まだ児童虐待について関係官庁が統計を発表することもなければ、マスコミが大きく取り上げることもなかった。「法は家庭に入らず」「民事不介入」という言葉を警察からよく聞いた。家庭内で起きたことはマスコミが報道すべき社会問題とは違うという常識が日本社会に深く根を下ろしていた。「警察権力を福祉に踏み込ませようとする危険な報道だ」児童福祉の専門家からは厳しい批判を受けた。会社内でも冷ややかな視線を感じることはあった。

「殺さないで」の連載は何度も続編を出した。新聞というメディアは大きな影響力をもっていた。国会議員が超党派で議員連盟をつくり、2000年に児童虐待防止法が成立した。それから何度も改正が重ねられ、児童相談所の機能強化と人員増が図られている。虐待は増え続けてはいるが、「法は家庭に入らず」どころか、児童相談所と警察の連携を密にすることが進められている。「危険な報道だ」と私を批判した大学教授が、新聞に寄せたコメントで「警察との連携をもっと強めるべきだ」と語っていた。児童虐待が国を挙げて取り組むべき重要課題と位置づけられるようになったことを実感したものだ。

その前から行っていた障害者虐待のキャンペーン報道は福祉の現場に大きな影響を与え、障害者の権利擁護が重要な問題として取り組まれるようになった。２０１１年には障害者虐待防止法が制定された。福祉サービスは障害者自立支援法(２００５年制定)から飛躍的に拡充していった。障害のある子が生まれると家族が孤立しながら抱きかかえていた時代からは一変した。

子ども、難病患者、障害者などは、日本が復興を経て高度成長に向かうなかで見向きもされてこなかった存在である。国が目指すべきものは経済の繁栄であり科学技術の進歩だった。国力を増進して欧米先進国に追いつくために坂の上の雲を目指してひた走ってきたのが明治の開国以来の大目標だ。敗戦によって軍事から経済に武器は変わっても、その目標は変わらなかった。

薬害エイズ、障害者や子どもの虐待などのキャンペーン報道に私が取り組んだのは、バブルが崩壊して少し経った頃である。決して自分一人ではなく、仲間がいたからこそ報道できた。それは間違いのない現実だった。社会のまなざしがこちらに向くのをたしかに感じた。時代の裂け目に築き上げたものがのみ込まれていくなかで、小さな声に耳を済ませよう、忘れていた大事なものに目を向けようと、静かな風が吹いた。

いつも向かい風を浴びながら月明かりの下を歩いているような気がしたことを思えば、世界を染めている色が一変したように見えた。

地鳴りのような嗚咽

世の中は複雑な力学が見えないところではたらいて変わっていく。その大きなものの一つは政治だ。

1996年に薬害エイズが解決を見たとき、政治の世界では戦後長く続いてきた自民党政権が崩れた後、細川護熙首相による連立政権を経て「自社さ政権」(自民・社会・さきがけの連立政権)となっていた。厚生大臣(当時)には新党さきがけの菅直人氏(後の首相)が就任した。さきがけが連立政権に参加するときの条件の一つが薬害エイズの解決だった。

菅厚相は就任すると省内に調査チームを設置し、薬害エイズの厚生省の責任について官僚自ら調べさせる手法で解明に乗り出した。厚生省にとって都合の悪いことを身内に調査させることに私は懐疑的で、大臣との記者会見や議員宿舎での夜回り取材の折に否定的な質問をしたが、菅氏は「まあ見ていてくれ」と取り合わなかった。官僚の特性をつかんでいることへの自信があったのだろう。

国が被告になっている民事訴訟で厚生省が存在を否定していた内部資料が省内から発見されたのは間もなくしてだった。エイズ・ウイルスに汚染された危険な血液製剤が日本国内に出回っているのを厚生省自身が把握していたことを裏付ける決定的な内部資料が次々に見つかり公表された。

かたくなに責任を認めることを拒否していた国が和解に転じるのは時間の問題だった。氷雨の降るなか、厚生省前の日比谷公園で抗議の座り込みをしていた被害者たちを省内の会議室に招き入れ、菅厚相が正式に謝罪をした。

その瞬間、地鳴りのような嗚咽《おえつ》が会議室を埋め尽くした被害者から起きた。脚立の上で撮影していた通信社の女性カメラマンが全身で震えている。カメラを構えるどころか落ちないように脚立にしがみついていた。気がつくと私自身も手が震えてペンを握ることができなくなっていた。同席した国会議員たちは大きな口を開けて泣きじゃくっている。被告側の官僚も顔を赤くして泣いていた。

情念が物理的な力となってその場にいる人々の身体に影響を与えることをまざまざと感じさせられた。当時は感染すると死は免れないといわれていたのがエイズだった。社会的な差別や排斥も苛烈だった。死の恐怖におびえるだけでなく、知らないうちに家族にも感染させてしまった人も少なくない。絶望や怨念や悲しみの渦が立場を超えてその場にいた人々をのみ込んでいった。

1996年は、ハンセン病患者の強制隔離を推し進めた「らい予防法」（1953-1996）が廃止された年でもある。ハンセン病はもともと感染力が弱く、少なくとも1960年頃には治療法が確立していたにもかかわらず、国は各地のハンセン病療養所での隔離政策を改めようとしなかった。患者側は何度も同法の改正を求めて運動を繰り広げてきたが、無視され続けてきたのだった。

また、この年には障害者の強制不妊手術を定めた「優生保護法」（1948-1996）も廃止された。「不良な子孫の出生を防止する」という目的で戦後（1948年）、定められた同法によって資料で確認できるだけでも1万6475人の障害者が強制的に不妊手術をされた。手術を促すために当時の厚生省は各都道府県知事に対して「真にやむを得ない限度においては、身体の拘束、麻酔薬施用又は欺罔《ぎもう》等の手段を用いることも許される」と通知（昭和28年6月12日厚生省発第150号厚生事務次官通知）を出している。体を縛りつけても、麻酔薬を使っても、だましてでも不妊手術をしろという国主導の障害者の撲滅政策だった。

富国強兵が進められた頃から、戦後の復興期、高度成長期を経てバブル崩壊後も、国力を高めることや経済的繁栄を国家は優先してきた。それに貢献できず、むしろ阻害すると思われた障害者や感染症の患者たちは社会から隔離され、生まれてこないようにする優生思想に基づいた政策が進められてきたのである。合理的な根拠がなく、重大な人権侵害であることがわかってからも厚生省は改めようとせず、弁護士やマスメディアも一部を除いては社会問題として取り上げようとしてこなかった。

一度決めるとかたくなに改めようとしない行政の前例踏襲主義や硬直性は今にいわれたことではないが、仲間内で固まって誰も責任を取らないシステムや因習が自然と出来上がり、日本社会に深く根を下ろしている。

1996年の奇跡

1995年に阪神・淡路大震災、地下鉄サリン事件、日経連の日本型経営の転換が起きたことは述べた。日本社会の崩壊を象徴するような出来事が集中した年として人々の記憶に深く刻まれている。

だが、その翌年に起きたことについてはあまり光が当てられることはない。何もかも行き詰まった閉塞感に襲われている今日、改めて考えなければならない事実がここにある。

薬害エイズの和解、らい予防法廃止、優生保護法廃止はすべて1996年に行われた。障害者への虐待事件の報道もこの年に始まった。障害者や難病・感染症の患者など、人権を踏みにじられ社会から差別されてきた少数者の救済に社会が動いたのが期せずして1996年なのである。

政治体制が変わったことが大きな原動力になったのは事実で、少数派の権利を重視する政策を掲げてきた社会党やさきがけといった革新政党が政権与党に入ったことが、歴史の歯車を回したという人は多い。

実際のところは自民党の保守派のなかにも障害者問題に熱意のある議員はおり、彼らの役割が大きかった。弱者にやさしい政策を掲げる左派と保守の実行力が絶妙にかみ合って法律や制度ができる場面を何度となく見た。そうした国政における与野党を超えた議員の枠組みが2010年以降、障害者関係の数々の法律を成立させ、障害者福祉の予算を飛躍的に伸ばしてきたことに結実する。

保守政治の核心に近いところの隅には弱者への慈愛がある。家父長主義的な色合いが革新系の主張とは交じり合わないものの、日本社会の土壌を肥沃《ひよく》なものにしてきた精神には違いない。官僚組織も決して一枚岩ではなく、厚生省を志向するキャリアには社会的弱者や福祉へのシンパシーを学生の頃からもっている人が多いのも事実だ。記者よりもはるかに足繁く各地の福祉現場に通い、現場で働く人たちの声を聞いている官僚は多い。特に障害福祉分野では伝統的に現場との交流が盛んで、今でも厚生労働省のなかで障害保健福祉部は人気の高い職場となっている。

政治家や官僚だけではない。それは戦争体験や伝承を含めて戦災の記憶がある世代に共通する心情ではないかと思う。地震や津波や台風などの甚大な被害を幾度となく経験してきた日本人の意識のなかに眠っている共生への本能のようなものかもしれない。

国力の向上や経済的繁栄という国家目標に邁進する時代のうねりに埋没し忘れてきただけであって、私たちの意識のなかには存在をないがしろにされてきた弱きものへの慈愛や贖罪の念がひっそりと息づいている。

坂道を登って行った先に幸せがあると信じて、息を切らせながらみんな必死に走り続けたが、どれだけ登り続けても雲には手が届かない。バブルの頂点に立ったとき、私たちは何を見たのか。日常の安寧や充足感を喪失した荒涼たる風景が広がっていたのではなかったか。

阪神・淡路大震災や地下鉄サリン事件という未曽有の危機に見舞われ、盤石なものとして信じ切っていた社会の土台が崩壊していくなかで、ふと我に返った瞬間があったように思う。何よりも大切なものがあるのに、繁栄を追い続けるうちにいつしか見失ってしまったことに気づいたのではないだろうか。

政治は民意が反映して動く権力装置であり、民意の風を受けて走る帆船は風が起きなければ進まない。その風が吹いたのである。

あれから30年……

若い男女が少年グループに惨殺された冬から30年以上が過ぎた。インターネットが世界をつなぎ、グローバル化がこれほど進むことを誰が予想し得ただろうか。子どもたちも当たり前のようにスマートフォンを持ち、ＩＴの仮想空間が人々の暮らしを大きく変えている。社会的格差はますます広がり、家族も地域社会もつながりが薄れて、孤独や貧困が暗い影を落としている。

今の日本社会は目的を見失い漂流しているように感じる。世界と個人、国家と個人の遠近感が大きく変わってきたことも関係している。ネットを通して自分がつながることのできる世界はどこまでも広がっているが、現実の生活で自らが帰属する家族や組織や社会との関係性が不確かなものになってきた。空気や水のように当たり前にあると信じてきたものがそうではないことが人々の孤立感や疎外感を招いている。

不安が身近な生活に重苦しく垂れ込め、見えない抑圧感で息苦しさを感じる。子どもを取り巻く状況はとりわけ深刻だ。

こんなはずではなかった。もっと明るい明日を迎えることができたはずだ。あのころ、感じたほのかなぬくもりを思い出しては、心が沈む。

もしも、1996年に吹いた小さな風が今も続いていたら、もっと違う未来を生きていたはずだ。子どもや障害のある人や困難を抱えた人にやさしい社会へと近づいていたように思う。大きな富や成功を求める人にはもの足りないかもしれないが、穏やかで疎外されない暮らしが多くの人に安心感をもたらしていたはずだ。

子ども、大人、障害者や難病患者といった別々に見える水脈をたどっていくと、人々を不安に駆り立てているもの、社会を窒息させているものがぼんやり浮かんでくる。複雑に絡まりながら流れているものを解きながら、令和の時代に幸福な社会をもたらすヒントを見つけたい。

第2章

未来がすりつぶされる

終戦直後は毎年270万人近くの子どもが生まれたが、2022年は77万人にまで落ち込んだ。一方、児童相談所が把握した虐待だけで年間20万人を超える。いじめ、不登校、自殺は過去最悪の水準にある。「失われた30年」とは経済の分野で使われる言葉だが、子どもたちは命を脅かされ、家庭や学校に居場所を見つけられずにいる。次世代を支えるのは子どもたちであり、私たちは未来を失おうとしているのである。

この章では、子どもや若者に不寛容な社会になったルーツを戦後からたどり、バブル崩壊後に目標を見失った大人たちが憑《つ》かれたように少年事件に厳罰化を求めてきたこと、それが子どもの負のエネルギーを内に向けた状況を振り返る。

もともと日本社会は子どもにやさしかった。幕末の頃、日本を訪れた西欧の人々が子どもにやさしい日本人を賞賛する記録をいくつも書き残している。なぜ子どもを虐げる社会になってしまったのか深く考えたい。

1 少年事件と厳罰化

終戦直後、親を亡くした戦災孤児たちは焼け野原で震えていた。路上で餓死する子どもが相次ぎ、子どもたちを救うために児童福祉法が制定された。ここに戦後の福祉は始まった。大人社会の過ちや身勝手な欲望はもっとも弱いところを食い破って醜い顔を出す。いつも犠牲になるのは子どもだ。

平和で繁栄した世の中となり、児童福祉の対象は戦災孤児から被虐待児へと変わった。目に見えない貧困が子どもたちを侵食し、いじめ、不登校、自殺は過去最悪の水準にある。子どもは社会を映す鏡だ。どのように社会が変わってきたのかをたどっていくと、いくつもの象徴的な分岐点が見えてくる。その一つが、バブルの熱狂で日本列島が踊っていたさなかに起きた事件だ。

アベック殺人の戦慄

心の芯まで凍りつくような冬だった。1988年2月の朝、名古屋市緑区の公園で窓ガラスやボディーが壊された車が見つかった。

この車に乗っていた美容師見習いの男性(19歳)と交際中の女性(20歳)の行方がわからず、家族から警察へ捜索願いが出された。

この公園では以前にもドライブに来た若者が少年グループから襲われた事件が数件発生しており、警察は派手に壊された車から少年グループが関係している可能性があると見て行方を追っていた。名古屋市内の繁華街でシンナーを密売していたことが捜査で浮かび、そのうち数人は暴力団の事務所に出入りしていたこともわかった。

「事件だ。間違いない。解決は近いと思うよ」

夜回り取材で自宅を訪ねた私に警察幹部は話した。強い力で背中を叩かれたような感覚がした。「解決が近い」と警察幹部が断定的に言うときには、すでに容疑者の身柄を確保しているに決まっている。案の定、ほどなくして愛知県警本部から記者会見の知らせが報道各社に流れてきた。

「器物損壊容疑で名古屋市内在住の男（20歳）と少年少女計5人を逮捕。車に乗っていた二人の行方不明事件についても追及している」

1回目の記者会見はそっけない内容だったが、警察の取り調べで事件の全容がわかるのは時間の問題だった。主犯格の男性は19歳、そのほかに女性二人を含む17歳から20歳までの少年グループによる犯行は社会を震撼させた。警察の発表は次のようなものだった。

午前4時半ごろ、少年グループは2台の車に乗って、公園駐車場に停まっていた車の前後を挟み撃ちするように停車した。少年たちは木刀などで美容師見習いの男性の車の窓ガラスを叩き割り、車の屋根に乗って壊し、二人を車外に引きずり出して木刀や鉄パイプで全身を殴った。男性は気を失うまで殴られ、女性は集団で暴行をされ、タバコの火を押しつけられたり、シンナーを体にかけられたりした。

夜が明けて周りが明るくなったため、放置すればすぐ見つかることを恐れ、二人を車で拉致・監禁したうえで名古屋市内などを丸一日走り回った。少年らは「顔も見られている。もう殺してしまえ」と話しながら名古屋市内のラブホテルに二人を監禁した。翌日夜、名古屋市内の墓地に車で連れて行き、男性の首にロープを巻き付けた。女性の見ている前で「綱引きだぜ」と二人の少年がタバコをくわえて笑いながらロープを引き合い、男性を絞殺した。

男性の遺体を車に詰めて、アジトにしていた市営住宅の一室に女性を連れ込んだ。翌日、三重県の山林に女性を連れて行き、ロープで首を絞めて殺した。6人は穴を掘って二人を裸にして投げ入れ、埋めた。

二人の命をもてあそび、長時間にわたる暴行の揚げ句、犯罪の発覚を恐れて殺害するという少年グループの犯行の残虐さに衝撃を受けた。

少年たちの犯行を審理した名古屋地裁は翌年、主犯格の男性(犯行時19歳)に死刑判決を下した。

「被害者二人の死亡が確認できるまで首を絞め続けて殺害し、執拗かつ冷酷。自己の保身のために他人の生命などまったく顧みない態度がうかがわれ、酌量の余地はない。被害者には何の落ち度もなく、欲求不満に駆られるままの犯行には模倣性が強く、社会的影響も大きい」というのが死刑判決の理由である。

少年法の見直し

名古屋アベック殺人事件と同じ年に起きたのが東京都足立区の女子高生コンクリート詰め殺人事件である。凶悪な少年犯罪が相次いだことが大きな社会問題として注目された。週刊誌は犯行当時20歳未満の未成年者である加害少年らの実名報道に踏み切り、少年法の見直しをはじめとした少年犯罪への対応のあり方がクローズアップされるきっかけとなった。

少年法では、家庭裁判所の審判に付された少年または少年のときに犯した罪で公訴を提起された場合は、氏名、年齢、職業、住居、容ぼうなどによって当該事件の本人であることがわかるような記事または写真を新聞紙その他の出版物に掲載してはならないことが定められている（少年法61条）。

女子高生コンクリート詰め殺人事件で容疑者の少年らの実名を報道した週刊誌は「野獣に人権はない」と主張し、「取材をしているうちに事件の凄惨さがわかってきたため、編集部内部で『これは実名報道すべきでは』という声が出てきた」と実名報道に踏み切った経緯を説明した。

名古屋アベック殺人で死刑判決を受けた男性は二審で無期懲役に減刑されたが、1992年に千葉県市川市で起きた一家4人殺害事件では、犯行当時19歳の少年に対して死刑判決が出され、確定した。それ以降も、1994年に大阪、愛知、岐阜で起きた「連続リンチ殺人事件」で未成年の3人に死刑判決が下り、1999年に山口県で起きた「光市母子殺害事件」では当時18歳の少年に、2010年に宮城県で起きた「石巻3人殺傷事件」でも当時18歳の少年に死刑が言い渡された。そしてそれぞれ死刑は確定している。

おとなしくなった子どもたち

「どうして日本の若者はこんなに人を殺さなくなったのだ」

ある刑法学者は、国際的な犯罪学会で外国の研究者から質問されたという。どこの国でも刑事事件や事故は、万能感や欲望を制御できない若い世代が引き起こす割合が高い。殺人事件などは特にそうだ。ところが、現代の日本にはそのような普遍的な傾向から外れる特徴があり、研究者の間で注目されているという。

日本の少年犯罪は、近年は減少傾向が著しい。重大事件が起きるとメディアが大きく報道するため、一般の人々は治安が悪くなったと思うかもしれないが、統計上は、少年事件は明らかに少なくなっている。

戦後間もない頃から殺人事件で検挙される少年は毎年300〜400人に上り、ピークの1961年には448人が検挙されている。それ以降は次第に減少し、90年代になると毎年100人前後で推移する。2000年代は厳罰化に向けて少年法の改正が相次いだが、統計上の殺人はさらに減り、2019年は43人。ピーク時の10分の1になった。それでも政府は少年法の適用年齢を引き下げようとしてきた。

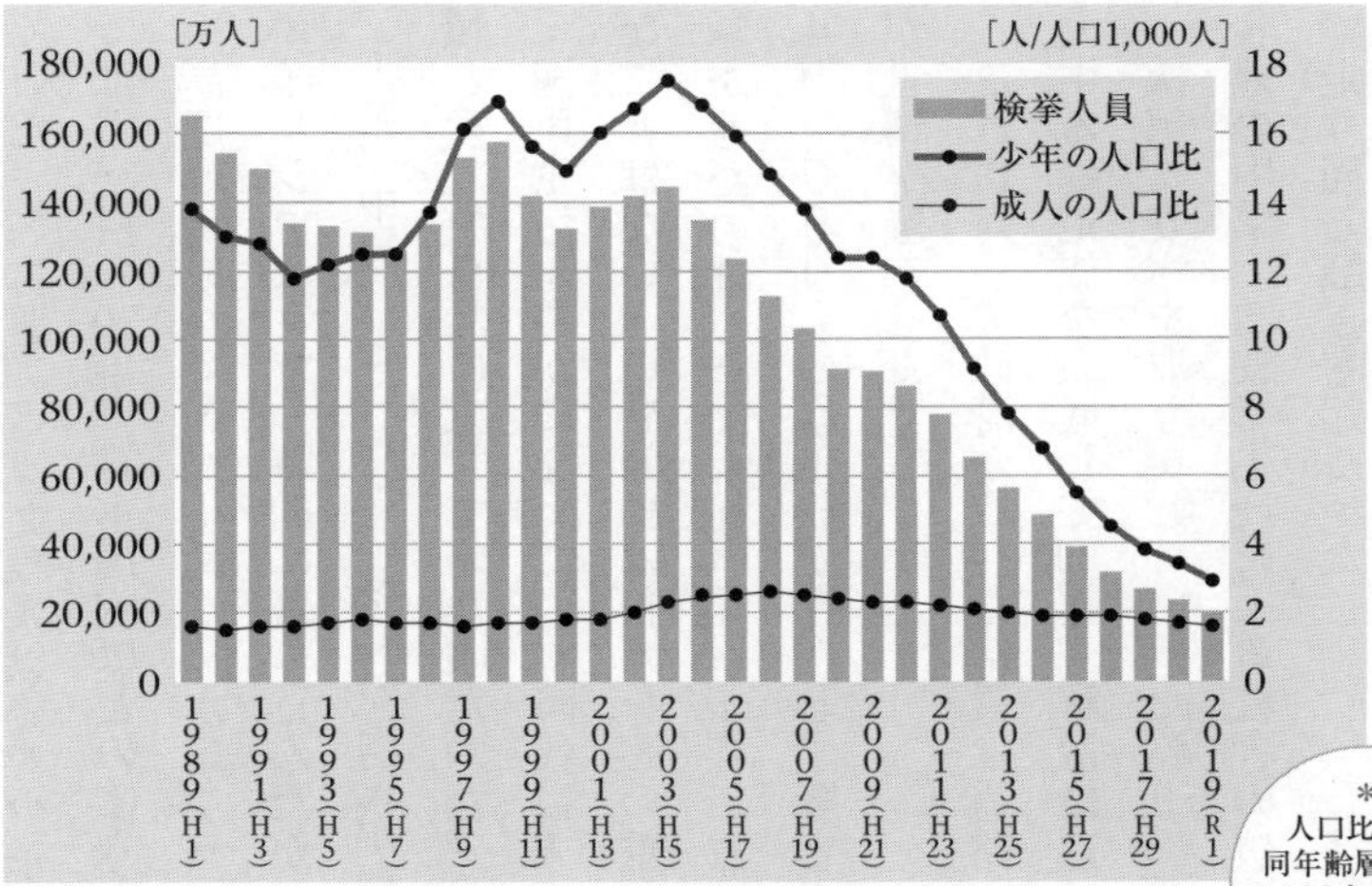

図1◆刑法犯少年の検挙人員・人口比の推移［平成元〜令和元年］
出典：警察庁「警察白書」［令和2年版］

＊
人口比とは、
同年齢層の人口
1,000人当たりの
検挙人員をいう。

終戦から復興期、高度成長期にかけては未成年でも当然のように死刑判決が下されていた。昭和最後の死刑判決は１９７９年の永山則夫元死刑囚（事件は１９６９年に発生）に対するものだ。

その後はしばらく少年犯罪での死刑判決はなく、再び未成年者に死刑判決が言い渡されたのが名古屋アベック殺人事件だったのである。

戦後の少年事件と、それに対して社会がどのように対処してきたのかを見ていると、いくつもの疑問が浮かんでくる。

まず、永山事件（発生時）から名古屋のアベック殺人事件までの20年間、日本国内で何が起きていたのかということだ。永山事件までは毎年のように未成年者に死刑判決が下されていた。名古屋アベック殺人以後も少年に対して再び死刑判決が言い渡されるようになった。

では、空白の20年、日本国内はどのような状況だったのだろうか。

高度経済成長で国民生活が豊かになっていったのが60年代から70年代前半にかけての時代だ。オイルショックで一時的に落ち込んだが、80年代後半からバブルの絶頂期を迎えることになる。「1億総中流」といわれ、多くの国民が繁栄を謳歌し、自らが所属する会社や地域社会にも信頼と愛着を自然に感じていた頃だった。

国民生活が豊かになっていく時代に未成年者による重大事件がなかったのかといえば、そんなことはない。単発的には殺人などの重大な事件は起きた。しかし、この時期にむしろ世間を騒がせたのは、全国各地で活発化した暴走族だった。ピーク時には1300チーム以上、約4万2000人の暴走族が存在し、騒音や危険な運転で市民に迷惑をかけ、暴走族同士の乱闘が世情を騒がせた。

これに対して政府が取った措置は道路交通法を改正して力で抑え込むことだった。勢力を拡大する暴走族を徹底して抑え、解散に追い込んで沈静化させた。

次第に安寧を取り戻していった路上に代わり、若い世代のエネルギーが暴発したのは学校だ。各地の中学や高校で生徒による校舎の破壊や教師への暴力が吹き荒れた。校庭や廊下をバイクで走り回る騒ぎも起こった。

ここでも政府や各地の教育委員会が取ったのは、管理を強めることで校内暴力を封じ込める対策だった。生徒を力で抑えられる体育会系の教師が頼りにされ、警察も学校現場へ招き入れ、強圧的に荒れる子どもたちを抑え込んだ。

普通の顔をした子ども

未成年による殺人などの重大事件は減少し続けたが、その内容や加害少年の実情は変容してきた。以前の少年事件といえば、永山事件に象徴されるような貧困や無知を背景に起こるものが多かったが、時代が進むにつれてどこにでもいそうな子どもによる特異な事件が目立ち始めた。加害少年が精神鑑定で発達障害と診断されることも、たびたびある。そのような事件は以前にもあったのだろうが、発達障害という概念が一般的にはなく、多発する凶悪事件に紛れて目立たなかったのかもしれない。発達障害そのものが事件を起こしやすい要素というわけではなく、周囲の無理解やいじめ、孤立、無理な集団適応を強いられることによるストレスといった二次的な要因が影響している可能性がある。子どもが変わったのではなく、周囲の環境や社会の変容が子どもに現れていると見るべきなのである。

平成へと時代が移ってからも、1997年に神戸市で10歳の女児が金づちで殴られ死亡、11

歳の男児が絞殺されたうえに首を切断された「神戸連続児童殺傷事件（酒鬼薔薇事件）」が起きた。２００３年には、長崎市で4歳の男児が駐車場から突き落とされて死亡する事件があった。どこにでもいるような少年たちが起こす事件はテレビや新聞をにぎわせた。

少年事件を受けて政府は動いた。２０００年の少年法改正で刑事処分の可能年齢が「16歳以上」から「14歳以上」となり、２００７年改正では少年院送致の年齢が「おおむね12歳以上」へと引き下げられた。２０１４年改正では18歳未満の有期懲役刑の上限を「15年」から「20年」へ、不定期刑も「5年以上10年以下」から「10年以上15年以下」へ引き上げられた。

繰り返すが、未成年者による殺人などの重大事件は減り続けている。しかしなのか、それゆえなのか、統計上の治安がよくなるにしたがって、まれに起きる少年事件に国民は敏感に反応するようになった。不可解で猟奇的な面を強調するメディアの報道が世間の不安をかき立て、それに応えるように政治が厳罰化を推し進める。低年齢でも刑罰を加えることを可能にし、刑罰そのものも重くする改正が繰り返されてきた。

コロナ騒動にかき消されてあまり注目されることはなかったが、２０２１年の通常国会でも少年法の適用年齢を引き下げる改正案の提出が検討された。与党内の意見が一致せず法案提出は見送りになったが、少年法改正に向けた議論は続いている。子どもの反社会的な行為に対して厳罰化に向かう流れは依然として強い。

厳罰化を急ぐ日本政治の空虚さ

非行や事件を起こした未成年者に対し、原則として家庭裁判所が保護更生のための処置を下すことを定めたのが少年法だ。家裁の判断で検察に「逆送」し、刑事裁判を受けさせることもできるが、その場合でも不定期刑や量刑の緩和を認めるなど、大人とは異なる配慮をすることが求められている。刑罰を科すのではなく、立ち直り(教育)を重く見ていることが法の根底にある。

そのため、未成年者の起こした事件はまず家庭裁判所で審理される。調査官らが家庭環境や成育歴を調べ、犯罪の背景にあるものを探る。そのうえで、少年院での更生に向けた教育や職業訓練、社会生活をさせながらの指導をすることになっている。

少年法の適用年齢を20歳から18歳未満へと引き下げることが浮上したのは、民法の改正で成人年齢が2022年4月から18歳になることや、すでに選挙権が18歳以上に与えられているためだ。これらの法改正に少年法も合わせてはどうかというのである。

法の整合性を求めてのことだけではない。2015年に川崎市で中学1年の男子生徒が数人の遊び仲間に殺害された事件があった。深夜に川を泳がせたうえ、カッターで全身を切りつけて殺害するという悲惨な事件だった。被害者の中学生には同情が集まり、現場には全国から訪れた人の供した花が積み上げられ、その様子が連日報道された。

「犯罪を予防する観点から現在の少年法のあり方はこれでいいのか、これからが課題になる」と述べたのは自民党の稲田朋美政調会長（当時）だ。「少年が加害者である場合は（報道などで）名前も伏せ、通常の刑事裁判とは違う取り扱いを受けるが、非常に凶悪化している」と強調した。痛ましい事件の被害者に国民の同情が高まり、それに迎合する政治家の発言はこれまでに何度もある。

何ら落ち度もないのに無残な事件の被害者に国民の同情が集まるのは、ある意味で健全な社会連帯の精神の表れともいえる。国政の場で少年事件が話題に上り議論が活発化するのは当然であり、否定することはできない。しかし、事件の背景を掘り下げて根本的な改善策を講じようとせず、単純に加害少年を厳罰に処して国民の納得感を得ようというのは短絡的すぎる。こういうところに本質を掘り下げて考えようとしない日本の政治や社会の空虚さがある。性急に表層的な解決を求めたがり、いつも大事なものを見ようとしない。

負のエネルギーが内側へ

マスコミが大きく報道するような少年事件が起きるたび、ゲームセンターに入りびたり、繁華街をうろつく未成年者に対する取り締まりや指導が強化された。深夜に公園やコンビニの駐車場でたむろすることも許されなくなった。

いわゆる「ぐ犯」の取り締まり強化である。いまだ犯罪行為には至らないが，不良行状が認められる場合に保護・教育が必要という観点から、家庭裁判所の審判や保護処分の対象とされる制度だ。

家出や無断外泊を繰り返す、親の注意を聞かないで学校へ行くことをさぼる、深夜徘徊、暴走行為、飲酒、薬物乱用、金品持ち出しを繰り返す……などが「ぐ犯」に当たる。

少年事件は減り続けているのに、子どもの逸脱を徹底して許さない方針を大人たちは求めた。80年代以降の内閣府や新聞社などが実施した世論調査を見ると、少年の非行に対する取り締まり強化を求める意見が高まる傾向が見られる。一部の政治家や保守派勢力の意向だけでなく、少年法の厳罰化や厳格な運用を多くの国民が支持していることがうかがわれる。

家庭や学校に居場所を見つけられない子どもたちは、街からも締め出され、友達とたむろすることも許されなくなった。自分の部屋にひきこもり、ネットやゲームの世界に居場所を求めることしかできなくなった子どもたちの姿が浮かぶ。

なぜ、大人社会はここまで執拗に子どもの逸脱を封じ込めようとしてきたのだろうか。

それを解く鍵の一つは「体感治安」と呼ばれるものにある。

統計上の治安の善し悪しと、実際に人々が感じる「体感治安」は違う。もともと危険な場所と思われているところで犯罪が起きても驚かないが、安全だと思い込んでいる場所で犯罪が起きると私たちの「体感治安」は悪化する。

閑静な住宅街で10歳の女の子が通り魔に殴られて殺される。11歳の男の子が殺され、切断された首が学校の校門前に置かれる。小学校の教室で6年生の女児がカッターで切られて死亡する。そんな事件が安全な気分に浸りきった社会を戦慄《せんりつ》させた。国民の「体感治安」は一気に悪化し、警報が社会に鳴り響いた。

国民の不安に応えるため、政治は加害者に厳罰を求めようと動いた。選挙に勝たなければ議席を失う政治家の胸の内はわからなくもない。厳罰化することによって犯罪が減るのであれば、政策の合理性を認めるべきだとも思う。

しかし、少年法を改正したから少年犯罪が減ってきたといえるのだろうか。少なくとも、少年法改正の契機になった事件は、加害少年に合理的な抑止力がはたらくことが期待できず、厳罰化したからといって防止できる類のものではない。

戦後の貧しい時代に凶悪な少年犯罪はたくさん起きたが、今日のような過敏な反応は見られなかった。社会そのものが混乱しており、物騒で先が見通せない不安のなかで人々は生きるのに精いっぱいだったからだろう。

世の中が落ち着き、人々の暮らしが豊かになってくると、身近なところで起こる小さな事件にも過敏に反応するようになる。ましてやどこにでもいそうな中学生や高校生が猟奇的な殺人事件を起こしたとあっては、体感治安は一気に悪くなる。

国民の不安な感情に応えようと、政治は躍起になって加害少年を厳しく罰する道を推し進めてきた。長崎市の事件で、政府の青少年育成推進本部副本部長を務めていた鴻池祥肇・防災担当相(当時)が「(加害少年の)親なんか市中引き回しのうえ、打ち首にすればいいんだ」と記者会見で発言し、物議を醸したことがそれを象徴している。

大人の誤学習

少年法改正による厳罰化を解くもう一つの鍵は、大人社会の誤学習である。

子どもが問題のある行動をすると、親や教師などの大人はそれを抑え込もうとして否定的で強圧的態度をとる。すると、子どもは反発して問題行動をエスカレートさせる。そのとき、大人があきらめてしまうと、子どもは「叱られてもより強く出れば叱られなくなる」という誤った学習をして問題がエスカレートし、非行へと発展する。

ある児童精神科医は子どもが非行に走る行動原理についてこのように分析する。

子どもが誤学習するのとは逆に、大人の強圧的な態度に対して子どもが折れてしまうと、今度は大人のほうが「力で抑えればおとなしくなる」という学習をし、力で抑圧して解決を図ろうとするようになる。そのとき、子どもは外見上おとなしくなっても、負のエネルギーは内側へと向かう。仲間内でのいじめ、ひきこもり、自殺などである。

大人社会が暴走族や校内暴力を力で封じ込めることに成功し、そうした学習の結果、その後の時代においては散発的に起きる少年の重大事件に対しても少年法を改正し、力で抑圧して解決を図ろうとしている。子どもの非行や逸脱を許そうとしない政策の連鎖を生んでいるのだ。

市営住宅の部屋で

古い市営団地の部屋のドアノブを回すと鍵はかかっておらず簡単に中に入ることができた。少し湿った異臭が鼻孔を刺激してくる。シンナーとタバコの吸い殻が混じり合ったにおいなのだろうか。シンナーを密売するのに使う空き瓶が床に並んでいた。暴力団の紋章の入った灰皿にはタバコの吸い殻がぎっしり詰め込まれていた。

アベック殺人事件で検挙された少年たちがアジトにしていた部屋だった。少年たちが逮捕されてから数日後、その部屋を私は訪れた。拉致された被害者の女性が連れ込まれたのもこの部屋だ。恋人の男性を目の前で絞殺され、自らも執拗に暴行された女性だった。数日前には陰惨な事件の現場でもあった部屋の中にいるのだと思うと息が苦しくなった。

テーブルの上に置いてあったノートを開いてみる。いかにも幼い女子が書きそうな丸文字が目に飛び込んできた。つたない文字で仲間に向けた言葉が書かれていた。交換日記のような内容だった。ふと見ると、壁にはフリルの付いた子どもっぽい服がかかっていた。カレンダーには「△△ちゃんの誕生日」と書き込みがあった。

逮捕された6人の少年グループには女子が二人含まれていた。そのどちらかが書いた日記であり、着ていた服だったのだろう。警察の記者会見で明かされる犯行の残虐性と目の前の文字や服の幼さのあまりの乖離に体の重心が揺らぐ感じがした。

名古屋地裁での初公判の日、傍聴席の最前列にいた私は坊主頭で現れた少年たちを見て再び強い戸惑いを覚えることになる。

無意識のうちに「凶悪犯」のイメージが頭に焼きついていたのかもしれないが、少年たちは拍子抜けするくらいあどけない顔をしており、一人を除いて全員が小柄だった。街で見かけたら中学生にしか見えない少年たちの横顔を見つめながら、検察官の読み上げる冒頭陳述を聞いた。残虐極まりない犯行と目の前の少年たちのイメージはどうしても重なり合わなかった。

裁判の中では6人の生い立ちについて次第にわかってきた。両親の離婚や貧困などから児童養護施設や情緒障害児施設で暮らしていた少年が複数いた。給食費が払えず学校ではいじめられ、家族ともうまくいかずに家出をする、空き巣や万引き、恐喝をして警察に捕まる。暴力団に出入りするようになり、電話番や使い走りをするようになった少年もいた。シンナー密売をするうちに知り合い、深夜に公園でアベックを襲う事件を繰り返すようになった。

貧困や家庭崩壊で親の愛情や養育を十分に受けられず、学校にも地域にも居場所を見つけられず、大人たちの暴力や迫害から逃げるようにして社会の隅に隠れる場所を探していた。集団で幼い狂気に駆られて暴発するまでは、大人社会から傷つけられ学校でもいじめに遭ってきた弱い子どもたちだった。アジトにしていた市営団地の部屋には息を殺し、傷をなめ合って潜んでいた少年たちの恨みや悲しみがこびりついていた。

あの部屋のにおいが私の記憶に染みついている。シンナーやタバコの吸い殻だけではない。家庭や学校で虐げられ、街の片隅で震えながら傷をなめ合っていた少年たちの乾いた悲しみや怒りのにおいだった。

2 内向するエネルギー

いじめはどの時代でも、どの国でも起こりうる。しかし、一人の子どもを集団で、時には教師も加担して執拗に追い詰めて死に至らしめるようなものは、現代の日本に特有な現象である。

１９８６年、東京都中野区の中学2年の男子生徒(鹿川裕史君)が数人から日常的にいじめられた末に命を絶った。教師も加わって「葬式ごっこ」をしていた。「このままじゃ生きジゴクになっちゃうよ」という遺書が国民の関心を集め、いじめを社会問題としてクローズアップさせるきっかけとなった。

それから40年近くたってもいじめはなくならない。むしろ増え続けている。不登校や自殺も過去最多を続けている。子どもたちの負のエネルギーは内向し、見えないところで社会を腐食している。

中野富士見中事件で、警視庁はいじめに加担していた16人を傷害と暴行容疑で書類送検した。遺族はいじめに加担した生徒二人とその両親、東京都と中野区に対し、損害賠償訴訟を起こした。

東京地裁が被告らに400万円の賠償命令を下したのは1991年。いじめを認定しなかったことを不服とした遺族側は控訴した。1994年5月、東京高裁は「葬式ごっこなど、普通の人なら苦痛に感じるはず。それが止められなかった学校にも責任がある。ただし、いじめと自殺との因果は不明である」と述べ、被告らに1150万円の賠償命令を下した。

中野富士見中のいじめ事件は社会に衝撃を与えたが、いじめの底知れぬ深刻さを見せつけたのは、バブル後に起きた二つの事件だった。

バブル後のいじめ事件

中野富士見中事件の民事訴訟が東京高裁で争われているさなかに起きたのが、「山形・明倫中事件」だ。

1993年1月、山形県新庄市立明倫中学校1年の児玉有平君が、中学校の体育館用具室内で、巻かれて縦に置かれたマットの中に逆さの状態で入っており窒息死しているのが見つかった。

有平君は日常的に学校内でいじめを受けていた。事件のあった日の放課後、体育館で各学年の生徒らが入り混じって活動をしていたとき、有平君が数人からいじめられていたのを目撃した生徒が何人もいる。

山形県警は傷害・監禁致死容疑で、上級生3人を逮捕、同級生4人を補導した。県警によると、体育館を引きずり回しながら、有平君に「一発芸」をさせ、嫌がると殴った。用具室に連れ込み、暗がりの中で生徒らは、順々に小柄な有平君にプロレス技をかけた。恐怖と痛みで泣き叫ぶ有平君をおもしろがって抱え上げ、ぐるぐる巻きにして立てかけてあったマットの中心の空洞部分に頭から突っ込んだ。生徒たちは有平君をその状態のままにして、用具室を出ていき下校した。自力でマットから抜け出すことができなかった有平君は、逆さまの状態でもがいた末に窒息死したとみられた。

夜になっても帰宅しないのを心配した家族が学校に問い合わせ、みんなで探していたところ、変わり果てた有平君を見つけた。顔は紫色に腫れあがっていたという。

嘘は子どもをダメにする

警察に逮捕・補導された7人の生徒は当初、犯行を認めていたが、この事件はその後、複雑な経路をたどることになる。

警察の捜査が一段落して家族と会えるようになると、生徒は供述を否定し始めた。次々に警察での自供を翻すようになり、最終的には6人が無罪を主張することになった。すると、一部の新聞社が警察の捜査のずさんさを指摘する論調のキャンペーン記事を掲載した。それに呼応するように、東京から人権派弁護士が何人も山形を訪れ、冤罪事件から生徒たちを守らなければならないと弁護団を結成した。

当時、私は何度も山形を訪れ、地元の若い記者と雪の降り積もった町を歩いた。

「やってないと言うのだから、弁護士としても方向転換するしかなくて……」

地元で法律事務所を構える担当の弁護士は困ったように言葉を濁した。「自供事件」としてすんなり片づくはずの仕事が、冤罪の疑いが濃い事件として知名度の高い東京の弁護士が何人も合流してくるのに戸惑っているように見えた。

悩みごとの電話相談を担当していた寺の住職のところに、深夜、明倫中学の生徒から電話がかかってきた。「有平君がいじめられているのを目撃した」と言うものの、ほかにはっきりと何かを言うことはなく、受話器からは泣き声がずっと漏れてきたという。

逮捕・補導された7人のうち6人が冤罪を主張していたが、一人だけは犯行を認めていた。その理由が気になり、生徒の自宅を訪ねた。ほかの生徒がいずれも自供を翻したため、焦った両親は息子にも否認するよう迫った。わが子だけが罪を着せられることにいたたまれなくなった親の心情はわかる。しかし、断固としてそれに反対したのは祖父だった。

「本当にやったのなら認めるべきだ。もしもウソが通ってしまったら、この子の人生はどうなる」

被害にあった有平君のこともさることながら、大人のエゴや面子でウソがまかり通ることを認めてしまったら、孫の人生はどうなってしまうのか。そう両親を叱りつけたという。同級生の命を奪ってしまった過ちは、十字架として一生背負っていくしかない。ごまかして切り抜けたら、人間として大事なものを腐らせてしまう。

最上川と奥羽山脈に挟まれた雪深い町で貧しい時代を生きてきた祖父の言葉が、一人だけになっても最後まで犯行を認めさせる道を孫に選ばせた。

司法の判断が注目を集めるなか、山形家庭裁判所は3人を不処分(無罪)、3人を少年院へ送致(有罪)と決定を下した。その後、山形高裁では一転して不処分の3人の犯行を認定した。最高裁でも3人の犯行の事実が認められ、改めて6人全員の「有罪」が確定した。

有平君の遺族は加害生徒に計5700万円の損害賠償を求めて民事訴訟を起こした。1審では「事件性がない」と遺族側が敗訴したが、2審と最高裁では遺族の主張が認められ、生徒らへ賠償金の支払い命令が下された。

司法の判断はもつれにもつれ、それぞれ最高裁まで争われたが、結果的には刑事でも民事でも7人全員の「有罪」が確定した。

「迷惑かけてスミマセン」

明倫中事件の民事訴訟判決の半年後、新たな悲劇が起きた。

1994年年11月、愛知県西尾市の中学2年の大河内清輝君が自宅裏庭で自殺した。まじめでおとなしい優等生だったが、学校でカバンを隠されたり、顔に痣《あざ》をつけて帰宅したりするようになった。毎日のように殴られ、「パシリ」（使い走り）に使われた。おもしろがって女子トイレに入るよう強要されたこともあった。

いじめグループは金を持ってくるよう清輝君を脅した。恐喝は次第にエスカレートし、1回数万円を要求されるようになった。持ってこられないとタバコの火を押しつけられた。川で顔を無理やり水の中につけられ、足をかけられて溺れる寸前まで追い込まれた。その恐怖心から抵抗する気力をすっかり奪われた。いじめていた生徒らは清輝君の自宅にも押しかけ、タンスの中から現金を盗んだり、母親のネックレスを盗んだりした。

清輝君事件が全国に反響を広げたのは、遺書をマスコミが報じたことがきっかけだった。

家族のみんなへ

14年間、ほんとうにありがとうございました。僕は、旅立ちます。でもいつか必ずあえる日がきます。その時には、また、楽しくくらしましょう。お金の件は、本当にすみませんでした。働いて必ずかえそうと思いましたが、その夢もここで終わってしまいました。そして、僕からお金をとっていた人たちを責めないでください。僕が素直に差し出してしまったからいけないのです。しかも、お母さんのお金の2万円を僕は、使ってしまいました。

まだ、やりたいことがたくさんあったけど、……。本当にすみません。いつも、心配をかけさせ、ワガママだし、育てるのにも苦労がかかったと思います。おばあちゃん、長生きして下さい。お父さん、オーストラリア旅行をありがとう。お母さん、おいしいご飯をありがとう。お兄ちゃん、昔から迷惑かけてスミマせん。またあえるといいですね。

（清輝君の遺書より抜粋）

閉ざされたコミュニティーの倒錯

いじめられた本人が「自分が悪いからいじめられた」と考えてしまう傾向が強いのが、日本型いじめの特徴とされる。いじめで心理的に追いつめられたとき、うつや不登校、ひきこもり、自殺などの自己否定的な反応を示す。

他者から悪く思われないように自分の欠点を見つけて直そうとするのが日本人によく見られる特徴で、「自分が悪いから批判された」と自罰的になりやすいという。いじめはたいてい仲間うちで起こる。学校や友人関係という閉ざされたコミュニティーでいじめられると逃げ場を失い、さらに自虐的に自分自身に責任を求めるようになる。

清輝君の遺書は何度も「すみません」という言葉が出てくる。「僕からお金をとっていた人たちを責めないでください」とまで言っている。自らの命を奪う相手を責めるなという、その倒錯した幼い心情が多くの人々の心をかき乱した。

いじめられた被害者が、自分が悪いからだと思い込む。残された家族の気持ちを想像すると胸が苦しくなる。

それだけではない。コミュニティーに所属する人々までがいじめられる側に非を求め、いじめられた子を失った遺族にまで誹謗中傷を浴びせる。そこに、日本型いじめの救いのなさがある。

当初、学校は教育委員会へ「突然死」として届けを提出しており、いじめについては生徒たちに「しゃべらないように」と指示し、ＰＴＡに対する説明会でも口外しないようにと求めていた。清輝君の自宅には嫌がらせ電話や脅迫電話が相次いだ。テレビや新聞がいじめを全国に報道したため、あたかも自分たちの学校やコミュニティーが恥をかいた、迷惑をかけられたと言わんばかりに、怒りの矛先が遺族に向けられた。

山形の児玉有平君事件でも同じだった。事件後、学校側は有平君の持ち物や机をすぐに片づけ、生徒たちには事件のことを早く忘れるようにと指導した。試験勉強の支障になるからという。有平君の自宅にも嫌がらせ電話や脅迫電話がかかってきた。「アガスケ（生意気）だ」。事件後、地域の住民は有平君の家族に対してそう話した。

事件の前、有平君の兄も中学でいじめを受けていた。部活の上級生がつばをかけ、「さっぱりした。毎日やってやる」と吐き捨てた。父は顧問の教師に「命をかけて自分の子を守る」と強い口調で宣言した。

そんな兄と父の様子を小学生だった頃の有平君はどのように見ていたのか。小学校を卒業するときの作文に「中学はどういう世界なのか。あまりめいわくをかけないようにしたい」と書かれていた。19行の短い作文中「めいわくをかけたくない」という言葉が3度も出てくる。自虐的にいじめの責任を自分に求める日本型いじめの特徴がここにも見られる。

学校への帰属心という桎梏《しっこく》

バブル崩壊後、1990年代初頭から経済の低迷が続き、失われた30年へ向かったこの時期に、いじめは社会問題として国民の関心を集めた。文部科学省はいじめの調査をしたが、学校の現場からはいじめが「ゼロ」との回答も多かった。いじめを積極的に認めようとしない、できればないことにしたい、という学校側の思惑が透けて見えた。

いじめを過度にネガティブなものとしてとらえ、いじめが起きるのを恐れる教師や学校が、かたくなにいじめを否定する心理に閉じ込もる。清輝君事件の学校の対応を見ていると、いじめの隠ぺいが全国の学校で行われているのではないかと思えてくる。

学校への帰属心の弱い子ほど生活の満足度が低いのはどの国でも見られるが、日本の子どもは特にそうした傾向が強い。子どもだけでなく、その保護者や地域住民の間でも学校への帰属心を無意識のうちに重視する傾向があると思う。

自分の娘が教師から体罰を受けたことで、東京都内の弁護士が学校を相手に訴訟を起こすと、同じ学校に子どもが通う親などから誹謗中傷が浴びせられ、いたずら電話がたくさんかかってきたという。体罰そのものをどう考えるかよりも、学校や先生を責めて困らせる者に対するコミュニティー内の制裁だ。

児玉有平君や大河内清輝君のいじめ事件でも、命を落とした子と、その家族への悼みなど忘れ、マスコミに騒がれて恥をかかされたと言わんばかりに、被害者を責め、学校ぐるみ、地域ぐるみで集団リンチに走る。

こうした日本社会に染みついたゆがんだ心性について、いじめが社会問題として認知された90年代前半に、もっと根底から議論し、塗り替えていかなければならなかった。その後もいじめで何人もの命が犠牲になり、その背景で多くの人々が苦しんでいる。そうした状況を見るにつけ、当時いじめの現場を歩き、報道した立場として強い悔恨に襲われる。

政府の対策の手ぬるさもある。しかし、国民の側にも大きな問題があるように思えてならない。いじめをどこか軽く考え、いじめられる側にも何か問題がある、いじめをはねのける強さが必要だ……などという強者の居直りが社会の深いところに根を下ろしている。

自ら命を絶つ子どもたち

子どもの死ほど悲痛なものはない。

むごい事件でわが子を奪われた母、薬害で骨と皮だけになって息絶えた子を看取った父、親からの暴力で命を落とした子。いくつもの子どもの死を、私生活や取材の現場で見てきた。

子どもの自殺は最悪の水準を更新している。文部科学省によると2022年に自殺した小中高校生は512人(暫定値)で初めて500人を超え、過去最悪となった。前年の確定値より39人多い。5年前の2倍にも上る異常さだ。

この国のどこかで、毎日子どもが自殺している。何を置いても優先して取り組むべき課題であるはずなのに、社会の感度は鈍いとしか思えない。

あまり知られていないのだろうか。それとも、子どもの死に私たちは驚かなくなってしまったのだろうか。

中高年が対策の中心だった

これまでの自殺対策白書は中高年に焦点を当てた分析や解説が多かった。マスコミの報道もそれに沿った内容のものばかりだった。

戦後の混乱期からしばらくは自殺者が多かったが、高度成長を経て社会が安定した1970年代後半以降は年間2万人台で推移するようになる。増加に転じたのは90年代後半からで、2004年には3万4427人とピークに達した。その後も3万人台で推移していたが、2010年以降は再び減少をたどっている。

日本の自殺が先進諸国で高水準にあることが社会的に注目されるようになってから、政府や自治体は自殺対策に本腰を入れるようになった。特に自殺者が多いのは中高年で、90年代後半に山一証券や北海道拓殖銀行など金融機関の破綻が相次いだ頃に急増した。原因の多くは「経済・生活苦」だった。

中高年のメンタルヘルス対策とともに、貸金業法改正で金利や借金の規制が行われるようになったことが自殺率の改善に効果があったとされる。高齢者の自殺が減少したのは2000年に介護保険が施行され、家族の介護負担が軽減されるようになったことが影響しているとの説

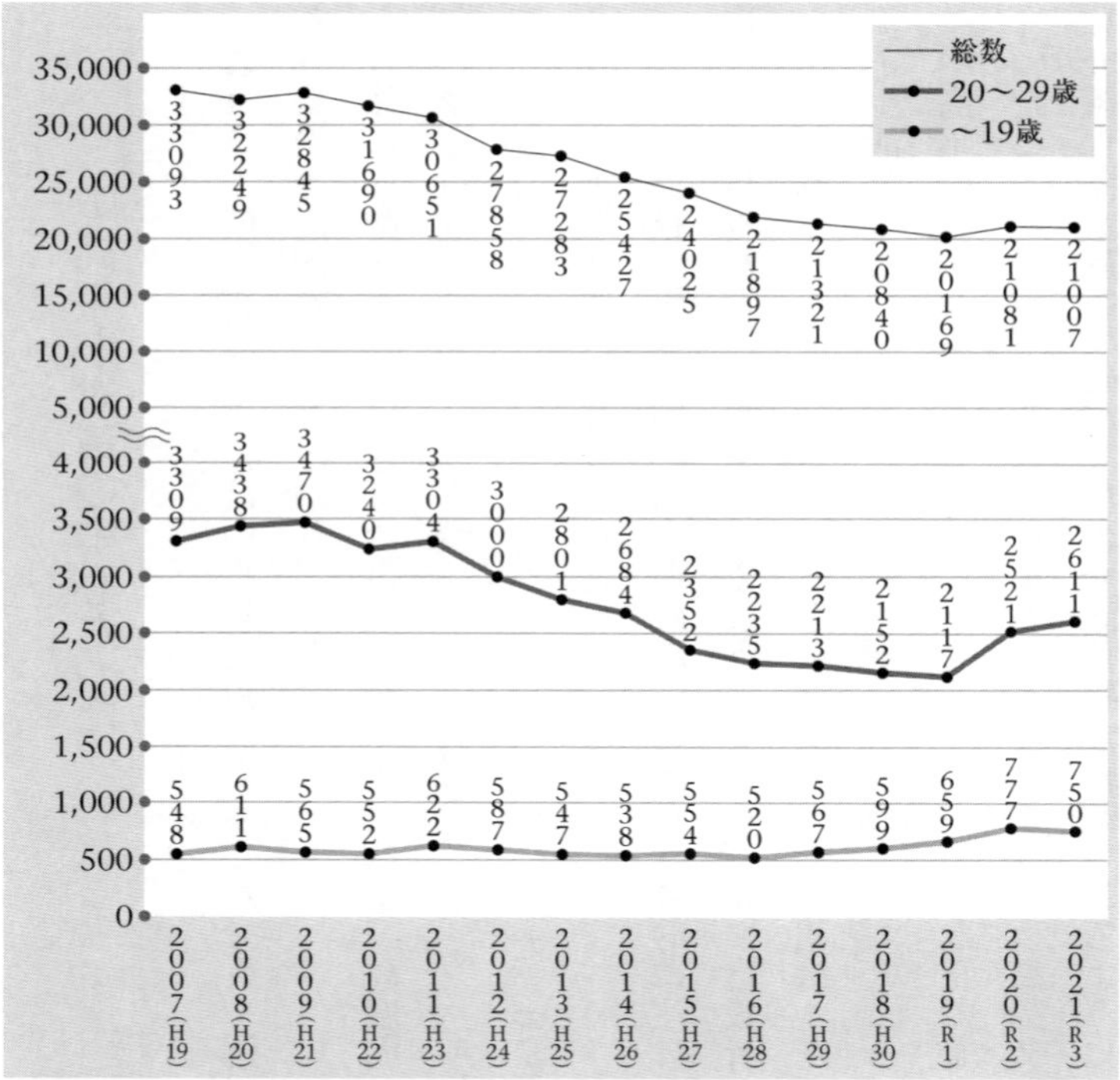

図2◆～10代、20代の自殺者数の推移
出典：厚生労働省「自殺対策白書」［令和4年版］

もある。

2006年には自殺対策基本法が成立し、自殺予防に取り組む民間団体の活動も活発化してきた。こうした官民挙げての対策が近年の減少傾向に寄与しているのは間違いないだろう。

1990年代以降は国連や世界保健機関（WHO）でも自殺問題が積極的に取り上げられるようになり、日本政府は自殺対策の成果を国内外へアピールする必要に迫られてきたことが背景にある。

マスメディアの重要な機能は「課題設定」、つまり今社会で取り組むべき課題は何かを国民に提示することである。政府は中高年の自殺が劇的に減ってきたことを強調してプレスリリースを出すが、メディアがそのまま記事にするだけでいいのだろうか。むしろ、小中学生や高校生の自殺が高止まりしており、最近は増加に転じている。そうした事実こそ、国民に伝えなければいけないと思う。

なぜ、子どもは自殺するのか

小中高校生の自殺が512人と過去最悪になったのを受けて、文部科学省は進学と進級を控える3月は成績や進路に悩む児童生徒が増えるとして、進路指導を充実させたり、心配事を抱える子どもを見つける意識を高めたりすることを求め、全国の教育委員会などに通知を出した。高校生の自殺が多いため、公立高校に予防の取り組みや、実際に自殺事案があったケースでどう対応したのかを尋ねるアンケートへの協力を依頼した。

「学業不振」「進路に関する悩み（入試以外）」「入試に関する悩み」の割合が大きかったという分析が根拠になっている。

中高年の自殺が景気など社会的要因に影響されているのと比べ、子どもの自殺は心理的な要因が大きいと一般的にいわれているが、その内実はよくわかっていない。「学業不振」「進路に関する悩み」といった類型でいいのかという気もする。古い時代の常識をそのまま引きずっているところに、現在の子どもたちの置かれている状況をつかめない教育行政の問題を感じてしまう。

遺書がない場合は家族や周囲の話から原因を推測するのだが、「学業不振」という客観的な状況があり、「進路の悩み」を漏らしていたとしても、そこに至る背景にはさまざまな要因があるはずで、単純なものではない。

私は複数の大学で学生たちとかかわるようになってから、家族間の不和、親からの暴力や暴言、先生による体罰や理不尽な叱責、友人からのいじめや確執などに悩み、深い傷となって苦しんでいる学生と出会うようになった。恵まれた家庭環境で平穏に育ってきたように見えるだけで、「消えてしまいたい」と思ったことがある学生は多い。誰にも言えない暗闇の中を彼らは運よく生き残っただけで、もしも何かの弾みで本当に消えてしまっていたら、「進路の悩み」という理由で片づけられてしまうかもしれない。

何か一つが要因になっているわけではなく、複合的な問題が背景にあると考えるのが自然だ。大人の自殺にしたところで、経済状況だけでは説明ができないことが多い。

グローバリズムが進展して情報や価値観が国境を自由に行き来するようになり、ネットという見えない空間が人々を結びつけるようにもなった。

子どもの世界だって例外ではない。むしろ、実社会でのリアルな人間関係を知らず、ネットの仮想空間の感覚に浸っている子どもは増えている。

「友達とみんなで仲よく遊んでいるときの笑顔、学習発表に取り組んでいるときの真剣な顔。10年前も20年前も今も学校の風景は変わらないように見える。しかし、もう一つの世界を今の子どもたちは生きている。それが大人には見えない」

長年小学校で子どもたちを見てきた教師は、SNSなどで子どもが学校とは別の社会を生きていること、それが大人には見えないことへの不安を語る。

学校や家庭に自分の居場所を感じられる子どもはまだいい。親との関係がうまくいかず、学校でも居場所の見つからない子どもにとって、安心していられるのは匿名で本音を吐くことができるSNSの空間だけなのかもしれない。

ゲームセンターやコンビニの前でたむろしていれば警察がすぐにやってくる。現実の世界にはどこにも安心できる場所がない。本音を吐き出せる相手もいない。そんな子どもたちが寂しさと不安を抱えてネット空間に吸い寄せられてくる。

死への願望を書き込む若者たち

ツイッターなどのSNSには若者たちの悩みや自殺願望の書き込みが見られる。「死にたい」と打ち込むと、一緒に死ぬことや自殺の援助をすることをほのめかす書き込みが現れる。巧妙な言葉を使って風俗で働くことを誘う書き込みも多い。

家族や先生、友達との関係がうまくいかず、家庭や学校になじめない若者たちがそうした言葉に吸い寄せられる。

孤独で不安な若者たちの「心のよりどころ」になっているのがSNSだ。その匿名性によって心理的な垣根が低くなり、気軽に本音や悩みを打ち明けられる。

こうした若者たちの不安やSNSに群がる心情につけ込み、自宅アパートに連れ込んでは殺害を繰り返したのが、死体遺棄罪で逮捕、起訴された白石隆浩被告だ。神奈川県座間市のアパートで9人の遺体が見つかった「座間事件」の加害者である。

白石被告は、ツイッターのアカウントで「首吊り士」などと名乗り、自殺志願者を物色しては「自殺ほう助」をほのめかして自宅に連れ込んでいた。

犠牲者のうち4人は女子高生ら未成年だ。なぜ少女たちはSNSに「死にたい」と書き込み、見ず知らずの男のアパートを訪れたのだろうか。たった2か月間に9人もが犠牲になった事件の猟奇性ばかり注目されるが、事件の深層に「居場所」がない若い世代の孤独と不安が漂っていることを見なければならない。

ネット使用者の低年齢化も指摘される。現在は中学生の5割、高校生の9割がスマートフォンを持っており、SNSを使って不特定多数の人々と日常的にやり取りをするようになった。

警察庁によるとサイトがきっかけで被害にあった児童は、2020年は1819人で、集計が始まった2008年の2倍以上となった。会員制交流サイトで知り合い、18歳未満と知りながらみだらな行為をしたことなどで、青少年健全育成条例で大人が検挙される事件などが多い。子どもたちの約9割はスマートフォンを使って被害に遭ったという。

少女たちのほうから食事や寝泊まりできる部屋を提供してくれる男性を募る「神待ち少女」なども社会問題となっており、警察の摘発は氷山の一角にすぎない。

政府は有害サイトの削除や書き込み制限など対策の強化を図ることや、ネットを通じて自殺願望を発信する若者が適切な相談相手にアクセスできるよう取り組む対策を講じているが、有害サイトを規制するという対症療法だけで解決できるような問題ではない。

ネット空間への子どものアクセスを完全に防ぐことなどできない。たとえ締め出したところで、行き場を失った子どもや若者はもっと見えにくい避難場所を求めてさまようことだろう。

「生きたい」というメッセージ

座間事件が起きた直後、静岡市で困窮家庭の子どもなどの支援をしている独立型社会福祉士の川口正義さんに話を聞いた。30年以上、被虐待やひきこもりの子どもたち、性風俗で働く「最貧困女子」の支援をしてきた人である。

「15歳を過ぎてから家庭や学校に居場所をもてない子たちの孤独感、不安感、恐怖感は大きい。自殺サイトの規制を強化しても、その子たちの恐怖感や不安感は別の所に流れていく。『死にたい』ではなく『消えたい』という言い方を困窮状態の子どもたちはするという。実際に死んでしまうと家族や周囲に迷惑かけると思っているから。本当は『生きたい』という思いと背中合わせなんじゃないかなと思う。孤立無援の状態に置かれているのです。

『あなたは大事な子』と親から肯定的な言われ方をするだけじゃあ今の若い子たちは存在意

義を見出せない。座間の事件でも中学に入ってから10年くらいひきこもっていた子がいるじゃないですか。15歳を過ぎてから家庭や学校に所属場所をもてない子たちの孤独感、不安感、恐怖感。何らかの形で社会とつながっていない子たちが自殺サイトのなかにつながりを求める。

大人にとっては眉をひそめるような言動の奥にあるものをどうやってつかむのかが問われている。自殺サイトに規制を強化しても、その子たちの恐怖感や不安感は別の所に流れていく。目の前の子どもの言い分にまなざしを向け、耳を傾け、じっくりと時間を過ごすことしか私たち大人にはできない。説教したり上から目線でものを言ったりするのではなく。システムでは子どもを救えない。大人たちの想像力が問われていると思う。

アンテナを張ってそれを柔らかくし、子どもの言動の奥底にあるものに共感するんです。向き合い続けることをやるしかない。試し行動をする子には自責感がある。子どもが試し行動をすると、大人は振り回される。それを見た子どもは『やっぱりあんた(大人)ダメじゃないか』とは思わない。『やっぱり私がダメなんだ』と思う。それが今の子どもたちなのです」

ひきこもり

ひきこもりが社会問題として注目されるようになったのは1990年代半ばである。戦後の日本社会の移り変わりの底流で何が起きていたのか。あらゆる文脈から探っていかなければ実相に迫ることはできない。

当時、ひきこもりの存在を社会に発信したのは、不登校の子どもや若者が通うフリースクールを運営していた人々だった。

学齢期を過ぎてからも不登校の延長のように社会に出ることができず、自宅内で過ごしている若者の存在をニュースレターなどで記すようになった。なかには自分の部屋にひきこもったまま家族とも断絶している人がおり、そうした人のこと、あるいはそうした現象のことを「ひきこもり」と呼んでいた。

「ガラスのくに」という連載が、毎日新聞の朝刊一面に載ったのは1994年5月。連載の第1回は、ふだん政治や経済の記事が載る一面のトップに掲載された。ひきこもりを重大な社会問題としてメディアが報道したのは、おそらくそれが最初だった。

バブルが崩壊してまだ日が浅い頃、キラキラと輝いて見えるが壊れやすい世相と若者たちの心情を重ね、「ガラスのくに」の住人たちのことを追ったルポルタージュだ。取材を担当した私は、千葉県松戸市や横浜市にあったフリースクールに足を運び、不登校の子どもや学齢期を過ぎた「ひきこもり」の青年たちに会っては取材ノートに彼らの言葉を書きためた。

日本社会がバブル経済に有頂天になっていた一方で、家庭や学校のどこにも居場所を見つけられず自室にこもっている若者たちがいた。それは繁華街でシンナーを密売し古い市営住宅で肩寄せ合って息をひそめていた若者たちのもう一つの姿だった。アベックを襲撃し殺人事件へと暴発しないだけであって、社会との接点を自ら断ち、自分の内面へ刃を向けている若者たちがたくさんいるという事実は私にとって衝撃だった。彼らのことを知らねばならない、社会に知らせなければならない。そんな思いに駆り立てられて、フリースクールへ通った。

「おやじが死んでから自分の本当の人生が始まる」

30代の男性は真顔で語った。あまりしゃべらない人が多いなかで彼の能弁さは目立った。ひきこもりというにしては社交的に見えたが、両手の爪が伸びて黒ずんでいるのが気になった。

20代の男性は、ロボットのようなぎくしゃくした歩き方が特徴的だった。両足に障害があるのかと思ったが、そうではなかった。狭い自分の部屋の中で数年を過ごし、外出できるようになってから日が浅いという。歩くという行為を長い間していなかったため、筋肉や骨がうまく動かないのだと、フリースクールの職員は話していた。

ひきこもりの若者たちが参加する夏のキャンプにも同行し、テントの中で一緒に寝た。

「ふざけるな！　このやろう」

未明のことである。若い男性の怒鳴り声で目が覚めた。悪い夢を見ていたのだろうか、眠っていた男性はうなされるように誰かに向かって怒りの声を何度も上げた。

「ガラスのくに」には全国から驚くほどたくさんの反響が来た。その多くが不登校やひきこもりの子どもをもつ家族からだった。子どもが家庭内で暴れ、家族も傷つき疲労困憊していることを切々と訴える文面が多かった。

今はメールやウェブへの書き込みが中心だが、当時は手紙とファクスだ。手書きの文字から、苦悩し揺れる心情が伝わってきた。寄せられた情報を頼りに新たな取材先へと足を運び、続編も急きょ掲載することになった。

やり場のない怒りと絶望

ひきこもりは当時、不登校の延長のように考えられていた。

不登校をあってはならないものとして無理に学校へ通わせようとしたことが、ひきこもり、家庭内暴力、自殺などの逆作用をもたらし、子どもたちは逃げ場を求めるようにフリースクールへなだれ込んだ。

文部省(当時)は1992年、不登校の児童・生徒がフリースクールなどへ通えば「出席扱い」とするよう全国へ通知を出した。連載が始まる2年前のことだ。フリースクールは社会的な存在価値を獲得し、情報の発信力を強めた。それが、ひきこもりを社会問題として世間に認知させることにつながった。

不登校やひきこもりの若者たちからは、やり場のない怒りや漠然とした絶望のようなものを感じさせられた。テントで夜中に「ふざけるな！」とうなされていた若者がそうだ。自分を傷つけ、追いつめている何かに夢のなかで必死に反撃する。昼間の物静かな横顔からはうかがい知れない強い怒りによって、自分自身が焼け焦げているような痛々しさだった。

いじめがきっかけで不登校になった生徒も多かった。仲間うちでの遊びのように見えながら巧妙ないじめに苦しんでいた生徒がいた。

ある日先生と目が合った。

「やっと気づいてもらえた」

そう思った瞬間、先生が目を伏せた。残っていた望みの糸が切れたような気がして真っ暗になり、それを境に学校へ行けなくなったという。

私が出会った若者たちは、誰もが怒りや絶望を体の奥に潜ませている感じがした。社会に対して向けないからわからないだけで、彼らの内側には雨風が吹き荒れていた。

政府（内閣府）がひきこもりを重要な社会問題と認識し、初めて全国調査をしたのは２００９

年のことだ。「ガラスのくに」の連載から15年も過ぎてのことである。

相談機関を設置し自立に向けた就労支援などを柱に対策が立てられた。しかし、立ち直らせることを急ぐあまり、ひきこもっている本人が不信感を募らせ、家族や支援者との関係が悪化したり、精神症状が悪くなったりする例が報告されている。

内閣府の調査は2015年と2018年にも実施され、学齢期が過ぎても長期間にわたって自宅や自室にひきこもり続けている人が多く、すべての年齢にわたってひきこもり状態の人がいることが明らかにされてきた。60歳を過ぎて仕事を失ったことをきっかけにひきこもる人、病気や家族との人間関係が悪化したことを機にひきこもる人も少なくない。

2022年に行われた調査では、新型コロナウイルスによる影響でひきこもり状態になった人が多数いることが指摘されている。

私自身は新聞社を退社後、自らが運営する社会福祉法人が地元の自治体からひきこもり相談や就労準備支援などの事業を受託し、専門の福祉スタッフや学生アルバイトを動員しながらひきこもりの人や家族の相談を受けるようになった。実際にはひきこもっていないが「予備軍」に位置づけられる若者たちの文章作品を集めて社会に発信する活動も行っている。

そうした活動を通して感じるのは、ひきこもりを過度にネガティブに見てはならないことだ。家族は自らの老いも感じながら不安と焦燥にかられている。ひきこもりを問題視し性急に立ち直りを求めることは、さらに本人や家族を追いつめることになる。

ひきこもりとは、繊細な感性の人々が社会に充満しているストレスや生きにくさから必死になって自分を守っている現象のようにも思える。ひきこもっている人が問題ではなく、彼らを傷つけ追いつめている社会のほうを変えなければならない。

むしろ、繊細でやわらかい彼らの感性に肯定的な目を向け、新しい価値をそこに見出すことが求められているように思う。同世代の集団の同調圧力に支配され、周囲の目ばかりが気になって息苦しさを感じている。そんな生き方を強いられている人々にとって、ひきこもりという現象は何か大切なものを暗示しているように思えてならない。

社会の側をゆるやかに変えていくことが、結果としてひきこもりの人々や家族を追いつめることなく、自立とまではいかないまでも地域社会で安心して暮らしていけることにつながるのではないだろうか。

3 自信をもてない若者たち

日本型いじめの特徴は、いじめられる側が「自分が悪いからいじめられる」と思うところにある。子どもや若者の自己肯定感の低さは、ひきこもりや自殺にも共通している。

こんなに若者が自分に自信をもてないのはなぜだろう。

高齢者ばかりがどんどん増えていく現実を見れば、自分たちの将来に明るいものを見出せないのかもしれない。いや、たまたま私の出会う若者が元気ではないだけで、新型コロナウイルスが猛威を振るっているときにも平気で街に繰り出す若者は多いじゃないかと思ってみたりもする。しかし、どれもこれも確信がもてない。

ユニセフ(国連児童基金)による先進国の子どもの幸福度ランキング調査が2020年に公表された。日本の子どもは「身体的健康」は1位だったが、「精神的幸福」は37位と調査対象国のなかでワースト2位だった。総合ランキングは20位だ。

子どもの身体的健康と精神的幸福がこれだけ乖離している国はない。

子どもの幸福度調査

戦争やテロがなく治安もよい、食料事情も衛生面も断然よいはずだ。高校進学率は98・8％。恵まれた環境であることは間違いない。それなのに「精神的幸福」は先進国最低レベルなのだ。身体的健康との落差はどこから来ているのだろうか。

たしかに、いじめや不登校は増え続けている。自殺率は主要7か国（G7）のなかで最も高い。幸せではない気がするといった程度の問題では済まない。何かがおかしい。日本の子どもたちの状況は想像以上に危機的だ。

子どもの幸福度調査とは、ユニセフ・イノチェンティ研究所が2020年9月に出した「子どもたちに影響する世界：先進国の子どもの幸福度を形作るものは何か（原題：Worlds of Influence: Understanding what shapes child well-being in rich countries）」というリポートで示されたものだ。

各国の比較可能なデータをもとに経済協力開発機構（OECD）や欧州連合（EU）に加盟する国々の子どもを対象に、新型コロナウイルス感染症発生前のデータを用いて、「身体的健康（Physical health）」「精神的幸福（Mental well-being）」「スキル（Skills）」について分析した。

「幸福」といっても、ハピネス(Happiness)が瞬間的に感じる幸せであるのに対し、ウェルビーイング(Well-being)は継続的に続く幸せ感であることに留意する必要がある。子どもの生活の質や人格形成にも関係する重要な要素といっていいだろう。

「身体的健康」について日本の子どもが世界一だったのは、国民皆保険で医療を受けやすく、学齢期には定期的な健康診断なども実施されているため、死亡率や肥満の割合が低いことが大きな要因だ。

一方、「精神的幸福」は37位と下から2番目だった。15歳時点で生活満足度の高い子どもの割合はトルコについで2番目に低く、15〜19歳の若者の自殺率も高いことなどが要因となっている。

「すぐに友達ができる」社会的スキルが低い

「スキル」は学力と社会的スキルを評価する。学力については、OECDが進めているPISA(Programme for International Student Assessment)という国際的な学習到達度に関する調査において、読解力・数学分野で基礎的習熟度に達している15歳の割合がデータとして用いられている。年によって変動はあるが、だいたい日本の子どもはいつも高いランクに位置している。

社会的スキルについては、「すぐに友達ができる」と答えた15歳の割合だ。新しく友達をつくるという社会的スキルは、大人になってから対人関係を良好に築けるかどうかの重要な指標とされている。ルーマニア、ノルウェー、クロアチアなど意外な国が上位に並ぶが、日本はチリについで2番目に低かった。

これらの結果、「スキル」に関する日本の子どもの総合評価は38か国のなかで20位だった。総合評価で子どもの幸福度1位だったのはオランダで、2位デンマーク、3位ノルウェーと北欧諸国が続く。スイスとフィンランドを含めた5か国は3項目いずれもトップクラスに位置づけられている。逆に、最底辺にはチリ、ブルガリア、アメリカが位置する。

その国の経済的な豊かさと子どもたちの幸福度にはあまり関連性がないのが特徴だ。また、日本や韓国のように身体的健康度は高いが、精神的幸福度が低い国もあれば、ルーマニアのように逆の国もある。

国内総生産(GDP)などの経済の数値ではなく、人々が幸福を感じる度合いが注目されるようになったのは最近のことである。何をもって幸福度を測るかについては定まったものがなく、イノチェンティ研究所が先進国の子どもの幸福度を最初に発表した2000年から、調査のたびに分析される分野や項目は変わってきている。日本の子どもの幸福度が先進諸国のなかで6

位とされた２０１３年調査では、「物質的豊かさ」「健康と安全」「教育」などが調査項目とされた。

今回の調査は「精神的な幸福」が大きな比重を占めるために日本のランキングが下位になったのであり、以前より幸福度が悪化していると意味づけるのは早計だ。

ただし、幸福を感じる指数を測るという目的からすれば、「精神的な幸福」は極めて重要な要素であり、過去の調査よりも実態に近い結果が出たと見ていいのかもしれない。

有用感をどう考えるか

日本の若者の幸福感を分析した統計は他にもある。内閣府の「日本の若者意識の現状～国際比較からみえてくるもの」、いわゆる「子供・若者白書」もその一つだ。日本、韓国、アメリカ、イギリス、フランス、ドイツ、スウェーデンの7か国の13～29歳の若者が対象で、各国１０００人以上から回答を得て比較検討している。

２０１８年度に実施した調査によると、自分自身のイメージに関する質問では「私は、自分自身に満足している」の問いに対して「そう思う」と答えた日本の若者は10・4％しかない。アメリカの57・9％には遠く及ばず、フランス（42・3％）、イギリス（42・0％）と比べても際立って低い。調査対象国のなかで2番目に低いスウェーデン（30・8％）の3分の1程度だ。「自分には長所がある」という問いに対しても同じ傾向が見られる。日本の子どもは「そう思う」が16・3％しかない。アメリカ（59・1％）、ドイツ（42・8％）、イギリス（41・7％）、韓国（32・4％）よりもかなり低い。

ここで注目したいのは、「自分は役に立たないと強く感じる」と思うかどうかに対する答えだ。「そう思う」と答えた日本の子どもは17・7％だった。これに対し、アメリカは27・9％、イギリスは24・9％だ。ドイツやフランスよりは高いものの、前の二つの問いとは違って、日本の子どもが「自分は役に立っている」と思っている割合は比較的高いともいえる。

なんだ、日本の子どもは自分に自信がないわけではないじゃないか、と思うのは早すぎる。逆に言うと、アメリカやイギリスの子どもは「自分は役に立たない」と思っても、自分には長所があり、自分自身に満足しているということにもなるだろう。日本の子どもは、自分が役に立たないとは思わないが、自分に自信がもてず、満足もしていないということになる。

複数の質問のクロス集計では、日本の子どもは自分が役に立たないと強く感じているほど自分自身に満足している割合が低かったが、同様の関係は諸外国の若者の意識には認められなかった。これはいったい何を意味するのだろうか。

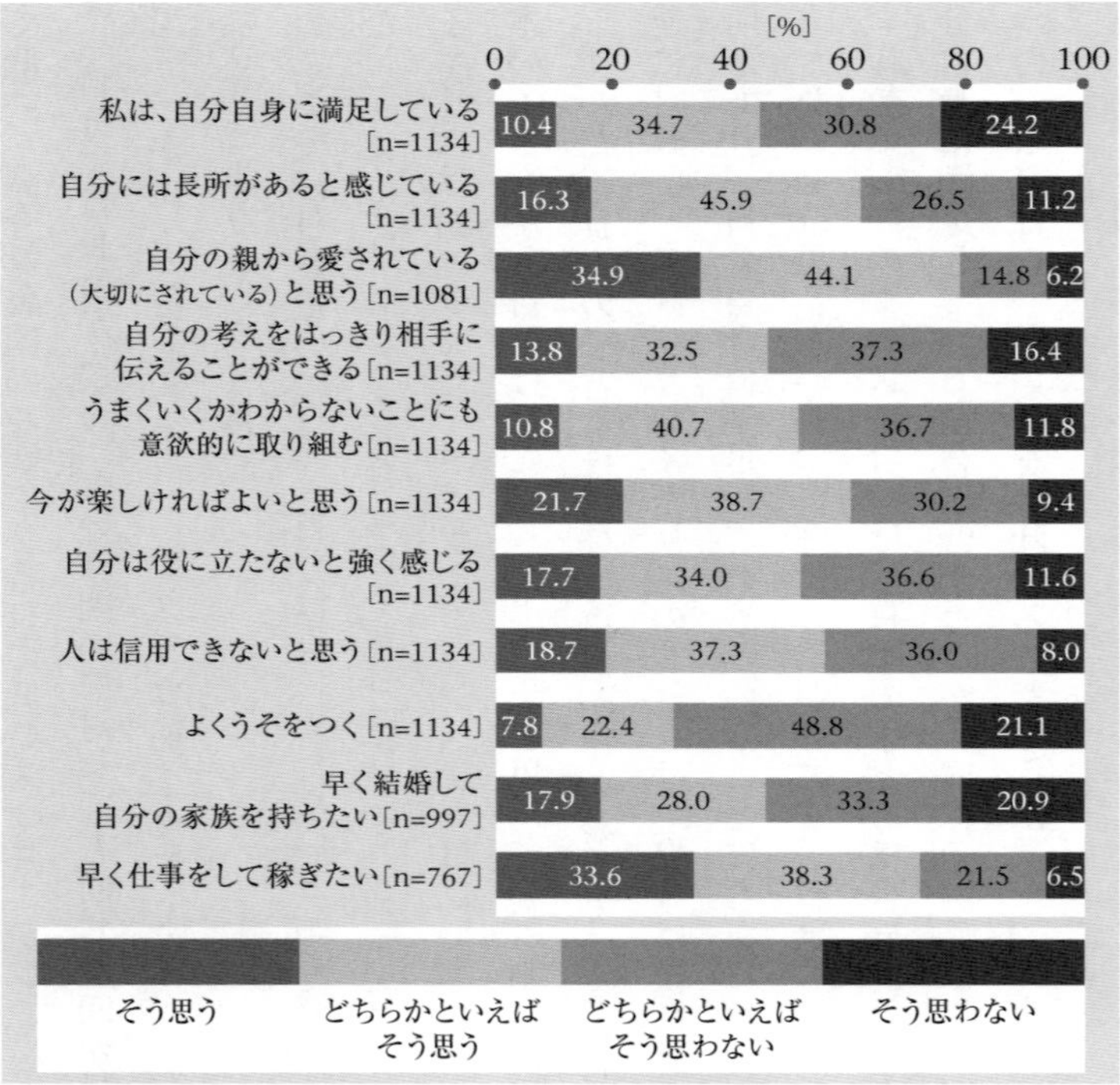

図3◆若者の自分自身のイメージ

出典：内閣府「日本の若者意識の現状〜国際比較からみえてくるもの」［令和元年版子供・若者白書］

「自己肯定感」と「自己有用感」は、似て非なるものであることをこの調査は示している。そして、両者の関係が、どのようになっているのかを解くものとしてとても興味深い。

まず、自己肯定感には二つの意味がある。一つは、自分のあり方を積極的に評価できる感情のことで、「自尊感情」や「自信」に言い換えることができる。もう一つは、肯定的な面だけでなく、否定的な面も含めて、ありのままの自分を認めることができるという意味での肯定感である。

内閣府の調査にある「自分自身に満足している」は後者の「ありのままの自分を認められる」に近く、「自分には長所がある」は前者の自尊感情や自信に近いだろう。

一方、3番目の問いである「自分は役に立っている」というのは、「自己有用感」という言葉で表されるものだ。周囲の人や自分が所属する集団との関係において、自分の存在を価値あるものとして認められる感情と定義される。

わかりやすくいうと、自己肯定感が「自分の自分に対する評価」であるのに対し、自己有用感は「他者からの自分に対する評価」であり、他者の視線(価値観)を通して自分が価値のある存在として認められる感情のことである。

幼児教育の分野では、自己有用感を重視する考えが強い。自己有用感が高まると、人に喜ばれたいという気持ち、自分が行動することで他者から感謝されることに喜びを感じて、思いやりの心が育つという。もっと頑張ろうという気持ちになり、学習活動に積極的になり、さらに自信をつけていく。人の気持ちをおもんぱかり、協調性が育ち、集団活動に積極的にかかわろうとする、などの効用が挙げられている。

自己有用感を高めることはさまざまな教育効果を上げることにつながり、教育現場で大事なものと認識されているのはわかる。

しかし、注意しなければならないのは「他人の視線を通しての自己認識」という点にあることだ。常に自分が価値のある存在と認められているかどうか、他人や所属する集団の視線を気にしながら、頑張ることを無意識のうちに強いられる子どもを想像すると、なんだか手放しで喜べなくなる。

子どもは、無条件でありのままの自分を認めることができることのほうが自然ではないのかと思えてしまう。アメリカやイギリスの子どものように、自分が役に立つか立たないかなどではなく、どの子も自分に自信をもち、今の自分に満足し、自分には長所があると思ってほしい。そう感じるのは私だけではないと思う。

人間の有用性などというものは実に多様であり、一つの単純な尺度で測れるようなものではない。ある角度から見れば役に立っているようには見えなくても、見えないところで有用な働きをしている場合もある。そのときにはわからなくても、長い時間たってから有用性に気づく場合もある。役に立っているかどうかなど自分自身にはわからないことの方が多い。社会の価値観が変われば、個人の有用性などいかようにも変わるものだ。人工知能(AI)が普及していくと、産業社会のなかで人間の役割はどんどん奪われていく。これまで通用していた有用性の尺度など吹き飛んでしまうことだろう。人間の存在に関する価値観を根底から考え直さなければならない。

そもそも、子どもに自分の有用性を過剰に意識させるような社会には抑圧的で暗いものを感じてしまう。もっとおおらかな心で子どもたちを見守ることのできる社会にしないと、大人たちだって息苦しくてかなわない。未来がしぼんでいくばかりだ。

第3章

大人たちの憂鬱

この章では、大人の側へ目を転じる。増え続ける児童虐待は、現代社会の病理そのものだ。父親からひどい暴力を受けた女子学生は、父のことを「脆くて哀れな人間」と思っているという。

伝統的な家族における父親の威厳などというものはとうに見られなくなったが、それにしても「脆くて哀れな人間」と娘から言われる父親をどう考えるべきなのだろう。

バブル崩壊後、経済界の雇用政策の転換によって「一億総中流」が崩れ、働く女性が増えて「正社員の夫と専業主婦」の家族モデルも少数派になった。社会における男性優位の状況が崩れていくのを誰よりも肌身で感じているのは男性自身ではないのか。

情報テクノロジー（ＩＴ）や人工知能（ＡＩ）の進化と普及によって、中高年のホワイトカラーが会社から居場所を失いつつあるのが現在の状況だ。かつての「勝ち組」を覆う言い知れぬ不安が、社会の劣化をもたらしている震源である。

1 父というリスク

大人による暴力や暴言が子どもを傷つけ、未来をすりつぶしている。

少し前の時代まで、父親は家族の生計を支え、精神的にも家族を守る象徴のような存在とみられていた。しかし、伝統的な家族観はすっかり変わり、今や父親の存在そのものが子どもたちにとってリスクとなっている感すらある。

その最たるものが児童虐待だ。生まれてくる子どもは年間80万人を下回るようになったが、虐待される子どもは児童相談所が把握しただけでも毎年20万件を超える。子どもが死に至るような深刻なケースでは、父親が加害者になることが珍しくはない。表に出てこないだけで、父親の暴言や暴力に傷つけられ、大人になっても苦しんでいる人は多い。

路上や教室で暴れる子どもや若者を大人社会は力で封じ込めた。それが子どもたちの負のエネルギーを内側に向かわせ、いじめ、自殺、ひきこもりとなって表れた。では、子どもを傷つける大人の負のエネルギーはどこから来ているのだろうか。

少年事件は統計上減っているのに、大人社会は厳罰化を執拗に求めてきた。それはなぜなのだろうか。子どもを虐待する負のエネルギーと根っこはつながっているようにも思える。大人たちはなぜこんなにいら立ち、不安や憂鬱を抱えているのだろう。

恵まれた家庭の風景

――好きな曲を好きなテンポで、好きな音量で飽きるまで。心が落ち着かないとき、私が鍵盤の前に座りたくなるのはきっとこの家に生まれたからだ。

楽器をやっている両親の影響で、家族全員が何かしら楽器をやっていた。はたから見ればただの音楽好きな家族に見える。しかし、他人家族を内側から見る機会は滅多にないため、実際には表向きとは大きく異なりいびつな形をしている場合だってある。

週末は地獄だ。突き飛ばされ、蹴りを入れられ、平手打ちされる。小さな体で抵抗しても、倍以上の力でねじ伏せられる。物が飛んでくることもあった。投げつけられたコップが目の前で割れたときに、キラキラとガラスの破片が飛び散った光景を今でも鮮明に覚えている。

母が止めに入ってもおさまらない興奮。

「お父さんもうやめてよ！」

妹が泣きじゃくると、ようやく動きが止まる。細い手足で大の字を作り、父と私の間に入ってくる。きっと殴られたらすぐに折れてしまうのに、それでも果敢に止めに入ってくる。唯一の救いだと思う一方で、なぜこの子は殴られないのだろう、とわだかまりが残った。

１１０番をしようと何度も受話器に手を掛けた。でも、できなかった。家族だからできなかった。父がいて、母がいて、姉妹がいる家族の形を壊す勇気が私にはなかった。壊す権利が私にはなかった。だから、ただひたすら耐えるしかなかったのだろう。内側に秘められてゆがんだ家族は、表向きでは至って普通の家族だ。昨日の地獄は幻で、何事もなかったかのようにリセットされてゆく。そんな地獄と取り繕った日常で保たれてきた家族に一体何の意味があるのだろう――

（表記は原文どおり）

これは東京都内の有名私大に通う2年生の女子が書いたものだ。

自宅には防音装置を施された音楽室があり、家族全員が何かしらの楽器をやっている。そんな家庭がこの低成長下の日本にどれだけあるだろう。「表向きはいたって普通の家族」と彼女は言うが、格差社会の勝ち組であり、平均よりは恵まれた家庭であることは間違いないだろう。しかし、この女子学生の家庭内で行われる暴力は尋常ではない。取り繕われた日常の家族の風景を見ている人々は、閉ざされた家庭のなかで娘が傷つけられていることを知らない。

どこから見ても恵まれた家庭で育ったように思える女子学生は暗い素顔を仲のよい友達にも見せない。きっと、その家族とつき合いのある人も本当のことは知らないだろう。

この学生の家庭だけが特異なわけではない。1学年下の別の女子学生が書いた文章を紹介しよう。まじめで穏やかなほほ笑みを浮かべる朗らかさのどこに、このような闇が隠れているのだろうかと、こちらが戸惑ってしまうほどだ。

――「うちにいられると迷惑なんだよ、め・い・わ・く。そんなやつうちの子じゃない。お願いだから出ていってくれよー。お願いします、出ていってください！」

鮮明に再生できる言葉。お望み通り、2020年の9月、夜7時私は家を飛び出した。玄関までついてきた男性は私が玄関を出た瞬間、扉に鍵とドアストッパーをかけた。

当時は受験生だった。受験真っただなかであった9月も家事をしていた。出先から帰ってきた父がキッチンに立つ私を見て、「余裕そうだね～。勉強は？」と言った。確かにそう、言ったのだ。

「余裕じゃないし、お手伝いしてるだけじゃん」

苦言を呈し、抗議すると、勝手に持論を展開し結論付けて、追放された。

家を出ると、私は無敵になれる気がした。泣き叫びながら、夜の田舎道を歩いていく。素足にローファー、Tシャツにジーンズ。正直、警察に捕まったっていいと思った。でも、生活が立ち行かなくなる。母や兄弟が路頭に迷うことになる。お金がなければできないことは多い。補導されたら、私にもバツがついてしまう。できるだけ警察に見つからないように深夜12時まで歩き続けた。

本気で父に変わってほしいと思ったこともある。でも、成人男性の力に勝てるわけがないのだ。こぶしも足も体もボールもマウスもなんだって飛んでくる。72kgの父に全身で押しつぶされる弟を見ているうちに、謝罪のような言葉を叫ぶ弟を見ているうちに、声が聞こえなくなった。

「おい！　謝れよ！　おーい！！！」

また音が聞こえてくる。人間が転ぶ音。叫ぶ音。ものが床に落ちる音。壁にぶつかる音。私はイヤホンをさした。静寂。耳の中にはひとがメロディーに乗せて訴える声が聞こえる――

（表記は原文どおり）

こんな出来事があった後も親子で同じ家で暮らし、学費も出してもらっていることを考えると、子どもの養育についてはそれなりの責任を果たしている親であるには違いない。ただ、常軌を逸したときの暴力のすさまじさが臨場感のある描写からリアルに伝わってくる。

ふだんは穏やかな表情をした女子学生の内面に、どこか損なわれたものがないか気になってしまう。

父に傷つけられる子どもたち

生きていることへの実感がもてない、何となく不安で満ち足りなさを感じている。そんな子どもや若者のことがバブルの頃から気になり、新聞記者として取材してきた。いじめ、不登校、自殺などは過去最悪の水準にあるが、そうしたネガティブな現象は氷山の一角にすぎない。多くの子どもたちがそこに連なる不全感を抱えている。大学の教員になって、日常的に学生たちとつき合うようになってから、ある確信が自分のなかで大きくなってくるのを感じる。

若者たちの不安や自己肯定感の低さは学校や友人関係などさまざまなことが影響してもたらされているのだろうが、最も深刻なのは家庭、特に父親からの暴力だということである。

児童虐待は増え続けており、20万件を超えるに至った。しかし、全体から見れば表に出たほんのわずかなものであり、はるかに多くの虐待が子どもたちを傷つけているのではないか。

「父」というリスクにおびえる子どもたちから目を背けてはならない。子どもの繊細な精神を侵食し崩壊させようとしている震源の一つは父親である。


非難の目を父親へ向けることに不快感を覚える人はいるだろう。子どものほうにも問題があったのかもしれず、子どもの言い分だけ聞いて親を責めるのはおかしいと思われるかもしれない。そんな本音が聞こえてきそうだ。自分が信じたいことを信じる傾向は誰にでもある。

ただ、紹介した二人の学生が受けた行為は、「仕方のないこと」として見過ごすことはできない。どのような背景や事情があるかは別にして、もしも彼女たちが児童相談所に通報したら、間違いなく虐待として調査の対象になるだろう。

そこまでひどい虐待ではない場合でも、この二人以外の学生たちが書く文章にも親たちから深く傷つけられた経験がよくつづられている。

大学進学を希望したところ、父親からの言葉が毒矢となって心に突き刺さった女子学生がいる。

「そんな金はない。進学したいなら自分で体を売って金を稼げ」

決して本気で言ったわけではないと女子学生も思っている。実際のところは学費を出してくれた親でもある。しかし、実の父から放たれた「体を売って金を稼げ」という言葉の矢は、深く心に刺さったままだ。忘れることができないだけでなく、全身に毒が回り父の顔をまともに見ることができなくなったという。

別の女子学生は、父親の不倫をめぐって夫婦間で口論になった末、母親が殴られたのを目撃した。その瞬間、「自分の心が殺された」と思ったという。

夫婦げんかをするたびに、「チッ」という父の舌打ちが耳に残り、その後も誰かの舌打ちの音に神経質になっている学生もいる。

大人が気づかないことでも、子どもの繊細な心は傷ついている。しかも、その傷口は癒やされることのないまま長く残る。誰かに相談できるわけでもなく、相談していいのかどうかもわからない。受験を優先した学校生活のなかで、自分を苦しめている傷に向き合う機会を奪われた子どもたちなのである。

統計に表れない虐待・DV

全国の児童相談所が2021年度に対応した子どもへの虐待相談は過去最多の20万7660件だ。31年連続で増え続け、前年度と比べて1・3%（2616件）多かった。増加のペースはやや鈍化したが、2年連続で20万件を超えた。

配偶者などパートナーからの暴力（DV）について全国の警察が2021年度に受理した相談は8万3042件で、18年連続で最多を更新した。最近は男性の被害者も増えつつあるが、やはり約75％は女性が暴力を受けているケースだ。

執拗な暴力によって子どもを死なせた疑いで父親が逮捕された虐待事件は過去に何度かある。失業して経済的に困りストレスを抱えている父親だったりする。同居している女性の子どもを虐待して内縁の夫が検挙されるケースもよくある。その場合も内縁の夫は無職で生活が破綻していることが珍しくない。

失業、貧困、ステップファミリー、親か子どもに何らかの障害や病気があること、孤立、アルコールやギャンブル依存などのリスクが虐待事件にはいくつも見られる。

ところが、ここに紹介した文章の筆者である学生たちの家庭はそうしたリスクとは縁遠い、むしろ対局にあるような恵まれた家庭ばかりなのである。海外赴任をするようなエリートもいる。この学生たちが受けた虐待や目撃した暴力は、児童相談所が対応した虐待相談、警察が受理したDV相談の統計のなかには入っていない。

児童虐待やDVは毎年ずっと過去最悪を更新しているが、その背後には統計に表れないおびただしい被害が広がっているのを感じさせる。これまでは虐待などには縁のないと思われていた平穏で豊かな層の家庭にも暴力が広がっている。

子どもへの暴力に父親たちを駆り立てているのはいったい何なのだろうか。

企業の国際競争や格差社会の厳しさで神経をすり減らし、まともな理性を失うときがあるのか。自己責任を過度に求められるストレスに耐えきれず、身近な弱者への暴力という形でネガティブな感情がぶつけられるのか。そうしたストレス社会が大きな原因には違いない。男性の社会的地位が相対的に低下していることも何か関係しているような気がしてならない。

女性の社会参加が進み、会社内でも女性が上司になるのは珍しくなくなった。もっと社会的影響力のある立場の女性を増やそうという流れは強まっている。そうした社会の価値観の変化に戸惑い、無意識のうちにフラストレーションを感じている男性は意外に多いのではないか。

男、特に長男というだけで家族や親戚など血縁のサークル内で大事にされてきた因習や歴史が日本の社会にはある。実際の能力や努力とはあまり関係なく、権威やメンツにこだわる男性が今も多いのはそのためであろう。若い頃はさほど目立たないが、結婚して父となった頃から権威に固執する特質が頭をもたげてくる。

父をいら立たせるものは今、世の中に充満している。いらだちは自分のなかにある「そうあらねばならない」という理想と現実が合わないために起こる。そうしたことに無自覚な人ほどいら立ちの頻度は多くなり、エスカレートしていくものなのである。

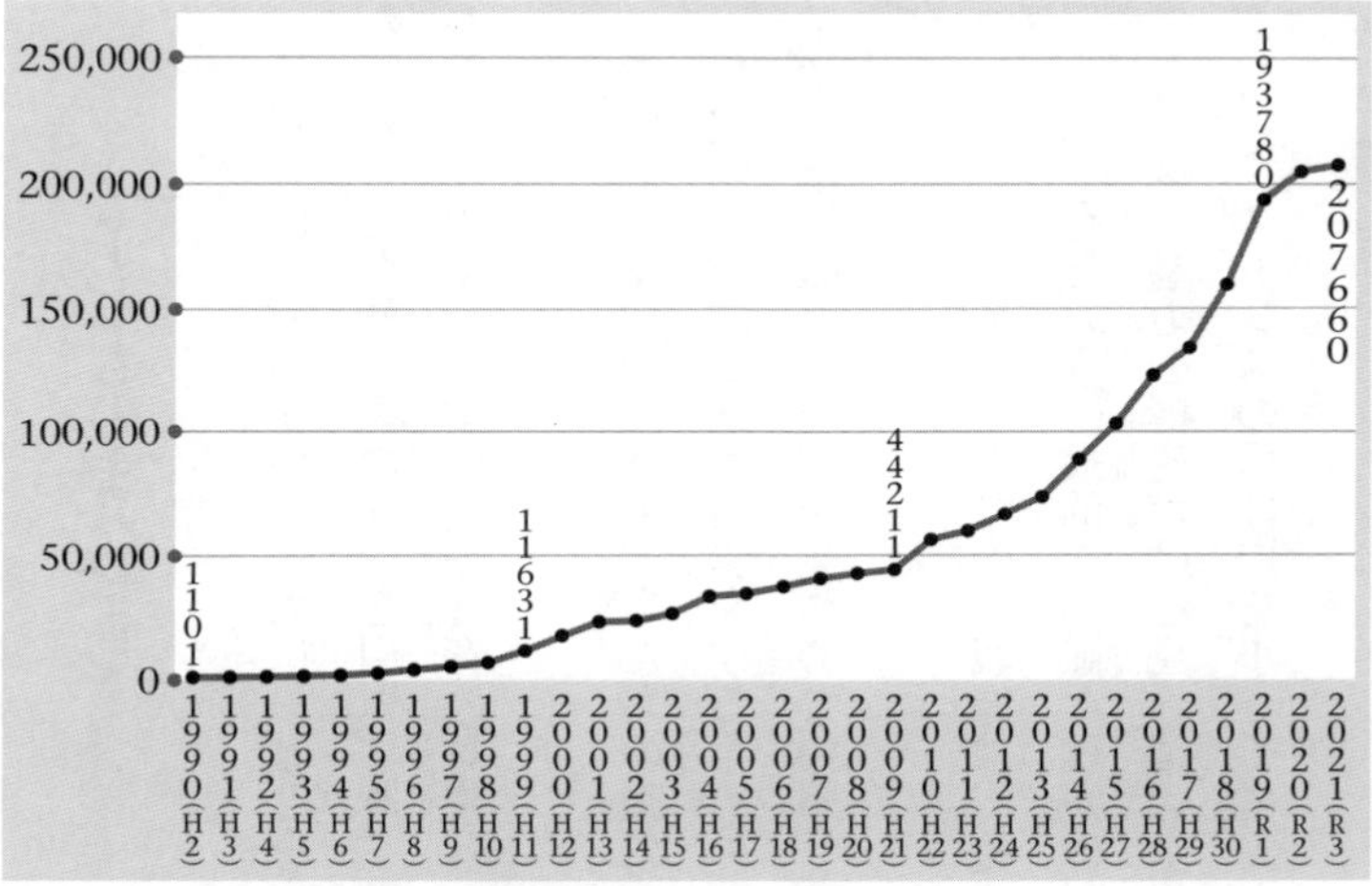

図4◆子どもへの虐待の相談件数
出典：厚生労働省「児童虐待相談対応件数の推移」

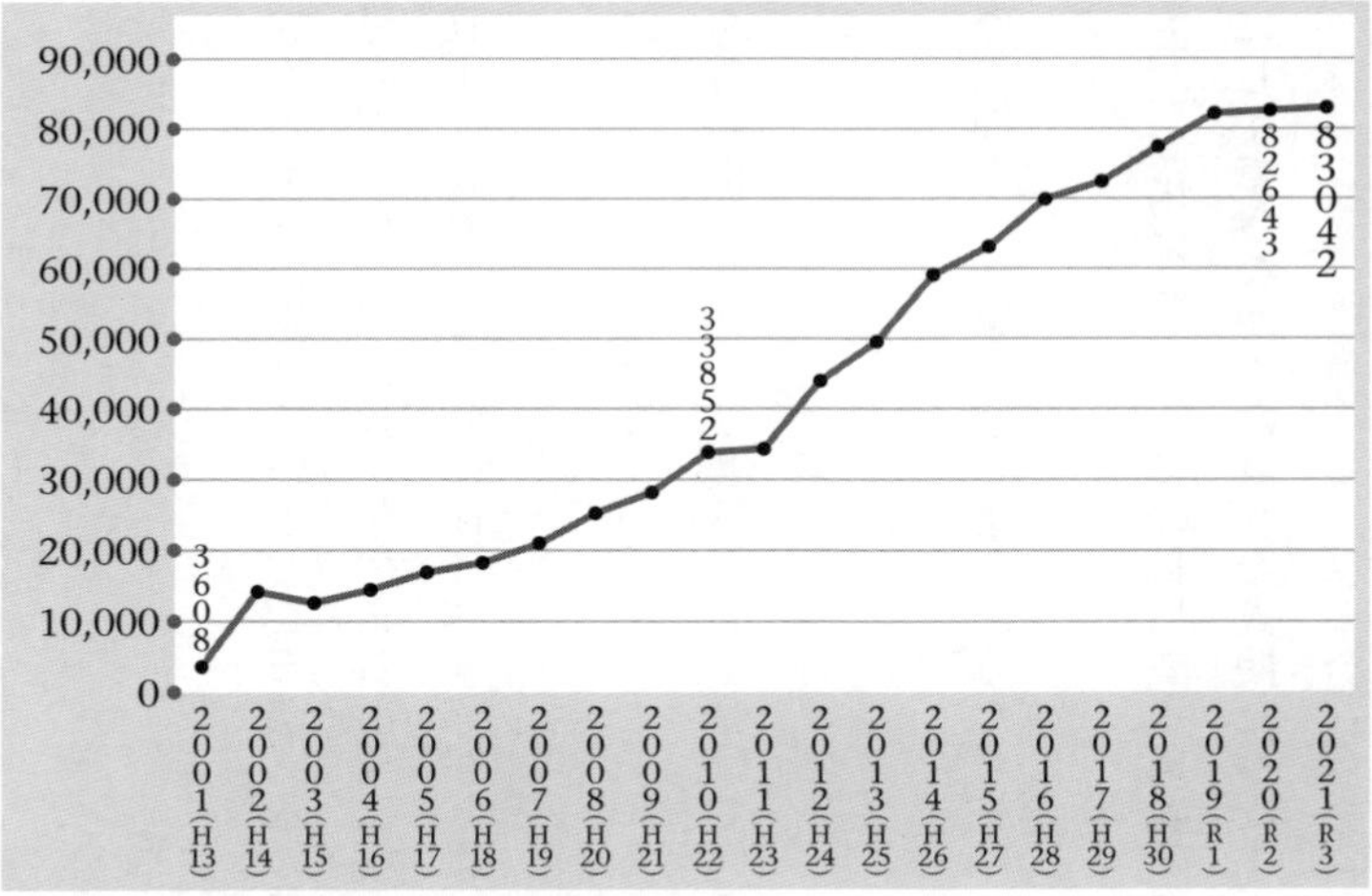

図5◆配偶者からの暴力(DV)の件数
出典：警察庁「配偶者からの暴力事案等の相談等状況」

子どものまなざし

子どもに暴力をぶつける人は子どもを自分の所有物のように思っているところがあるのではないか。まだ幼い頃の残像を引きずり、子どもが思春期になって自我が芽生えるようになってからも、相変わらず保護や養育の対象としか見られず、親である自分に従うべき存在と思っている。

そのような父の姿は子どもたちの瞳にどのように映っているのだろうか。

自宅内に家族が楽器演奏をするための防音室がある裕福な家庭でひどい暴力を受けていた女子学生は冷徹な目で父を見つめている。

――私のなかでの父親像は、脆くて哀れな人間だ。一家を取りまとめるたくましい存在という一般的な認識とはかけ離れている。

暴力の構造だけを見れば、父が強く私が弱い立場にあるが、私の目に映る父親の姿は、ストレスのはけ口を小さくて力が弱い者にしかできなかった哀れな人間だった――

（表記は原文どおり）

おそらく、娘から「哀れな人間」と思われていることを父は気づいていないのだろう。ストレスを幼くて弱い娘にしかぶつけられず、暴力で服従させることしかできない父に対して、娘は怒りや悲しみすら感じない。ただ、「哀れな人間」としか思えないのである。

ひょっとしたら父も娘の気持ちにうすうす感づいているのかもしれない。娘の瞳に映る自分の哀れな姿に気づき、ますますいら立ちをエスカレートさせているようにも思えてくる。

ひきこもり、リストカットなど負のエネルギーを自分の内側へ向ける子どもや若者は多い。私が出会う女子学生たちはきちんと大学に通い、厳しい就活も経験して社会に巣立っていく。強い若者たちだ。しかし、親に傷つけられたことを克服したくましく人生を歩んでいくのかと問われると、すぐに答えは出てこない。もしかしたら、弱さを見せられないだけで、自分の内側でずっと傷がうずいているのかもしれない。弱さをさらけ出せないことで、さらに深いところまで毒が回っているのかもしれない。

ある女子学生は切ないばかりに家族に愛情を求め、それが得られない空疎さをやさしい文体で書いてきた。

——ねえ、まま、ぱぱ、わたしは悲しかったよ。わたしはなんでこの家に生まれてきたの？

うちの家はいつも異様な雰囲気だった。両親と兄姉の五人家族、いや、5人の他人が同じ家で暮らしている、ただそれだけだった。

母から寄せられる大きな期待と、我関せずの父の姿、お互いに興味がない兄姉。ずっと寂しかった。私の本当の家族は違うところにいる、いつか迎えに来てくれる、何度望み、何度失望しただろうか。

生きる希望は持っていなかった。ずっと、小さい頃から。

明日の朝、べつに目が覚めなくてもいいと、買ってもらったばかりの国語辞典を胸の上において寝た。息をしばらく止めてみた。

大人になった私は何も変わっていなかった。生きることを早くやめてしまいたかった。

姉と買い物に行ったときにたまたま立ち寄ったラーメン屋。ラーメンを前にして食べる気もせず、ただ口が動いた。

「もう死にたいかもしれない」。涙も出ず、震えもせず、ただ口が動いた——

（表記は原文どおり）

2 尾崎豊は何を壊したかったのか

「親から殴られて顔にあざがあっても、子どもは殴られたとは言わない」。児童虐待に長年携わっている人々からよく聞く言葉だ。「殴られてもお父さん、お母さんが好きなんです。自分のせいでお父さんが悪く言われるのが耐えられない」。生まれ育っている家庭だけが世界のすべてである子どもは親を悪く思うことができないのだという。

しかし、父親から暴力を受けていた女子学生は父のことを「脆くて哀れな人間」と言う。どんなにひどい暴力を浴びても、彼女が110番をすることはなかった。児童相談所へ虐待通報することもなかった。それは、お父さんが好きだからではない。母や妹たちのことを思い、自分の手で「家族」を壊すことができなかったからだ。父親のことは「脆くて哀れな人間」と彼女は思っている。

威厳などというものは感じないとしても、本来父親はもっと強くて頼りになる存在ではなかったのか。多くの家庭では父親はもう少し肯定的な目で子どもたちから見られているに違いない。そう信じたい。しかし、本当にそうだろうか。

暴走族を力で封じ込め、校内暴力を鎮圧してからも、大人社会は少しでも子どもが反抗し逸脱しようとするのを許さず、少年法の厳罰化や管理体制の強化を進めてきた。そんな大人たちの姿は、子どもの目にどう映っていたのだろうか。

「教祖」の実像

「先生、あなたはかよわき大人の代弁者なのか」

若者たちの教祖といわれたロックシンガーの尾崎豊は１９８５年に「卒業」という曲で歌った。昭和の時代にどこにでもありそうな中流家庭に生まれ育ち、東京都内の有名私立高校を中退してデビューした彼は、同世代の若者たちから熱狂的に支持された。決して不良などではなく、抑圧されることへの息苦しさや空虚感を代弁し続けようとしたロックシンガーだった。ファンたちは同級生のように「尾崎」と呼んだ。

26歳で早世してからファン以外にも存在が広く知られるようになり、社会に反逆する若者の教祖のように評されることが多いが、それは少し違う。先生に面と向かって反抗したり、暴力を振るったりするのではない。せいぜい誰もいない夜の校舎の窓ガラスを壊して回り、おれたちの怒りはどこへ向かうべきなのか、あと何度卒業したら本当の自分にたどりつけるだろう……と自問する感受性の強い若者だった。校内暴力が吹き荒れた頃は反抗の対象だった先生のことを「かよわき大人の代弁者」と思う生徒だったのである。

アベック殺人事件が起きた頃、私は尾崎豊の歌を毎日のように聴いた。深夜、捜査を終えて帰宅する刑事の自宅前の路上で、携帯CDプレーヤーで「15の夜」や「路上のルール」を繰り返し聴いた。1991年の最後の全国ツアーではライブ会場で若者たちと一緒にステージを見つめた。「いったい、何だったんだ。こんな暮らし。こんなリズム……」。尾崎の叫び声に会場が静まり返ったシーンがあった。言いようのない胸騒ぎをおぼえたのは私だけではなかったと思う。

1992年4月、東京・護国寺で通夜が営まれたとき、東京本社勤務になったばかりの私は取材に出かけた。悲しみに暮れながら集まってくるファンの言葉を集めては、近くの公衆電話から本社へ原稿を吹き込んだ。群れることのない優等生のような若者が多かった。

「中学生のときに『15の夜』を聞いて涙が出た。それまで感動なんてしたことがなかった。僕は学校が嫌いなのに不良にもなり切れず、何もかも中途半端なくせに世間に対しては冷めていた。尾崎はヒーローなんかじゃない。本気で正直に生きた人」

大学3年生の男子は告白するように語った。「長く生きることがないような気がしていた」「ありがとうと言いたくて来た」と口にする若者が多かった。

校内暴力で検挙・補導された生徒などの数は、ピークの1981年には1万件を超えたが、尾崎がデビューした1983年には、急速に減少していった。暴力に代わって増えたのが不登校であり、ひきこもりだ。力で封じ込められた子どもたちのエネルギーが行き場を失って内側へ向かっていった頃である。学校が嫌いなのに不良になりきれず、何もかも中途半端で世間には冷めている。護国寺前の歩道橋の上で深夜まで尾崎の歌をうたっていた大勢の若者たちは、現実に不全感をもちながらどこかに生きる意味を探しているような感じがした。

経済合理性を求めた時代

マスコミが大きく報道するような少年事件が起きるたび、ゲームセンターに入りびたり、繁華街をうろつく未成年者に対する取り締まりや指導が強化され、深夜に公園やコンビニの駐車場でたむろすることも許されなくなったことはすでに述べた。

80年代以降の内閣府や新聞社などが実施した世論調査を見ると、少年の非行に対する取り締まり強化を求める意見が高まる傾向がわかる。少年法の厳罰化や厳格な運用を多くの国民が支持していた。

家庭や学校に居場所を見つけられない子どもたちは、街からも締め出され、友達とたむろすることも許されなくなった。自分の部屋にひきこもり、ネットやゲームの世界に居場所を求めることしかできなくなった姿が浮かぶ。

それでも、あえて思うのは、締めつけを強めてくる大人社会に対して、どうして子どもたちは反発しようとしないのかということだ。どんなに抑えつけようとしても外へ向かう負のエネルギーが隙間からあふれ出してもおかしくないではないか。

あるいはまたこうも思う。少年犯罪が統計上は著しく減少し、暴走族や校内暴力が激減し、深夜に公園や駐車場にたむろする子どもや若者もあまり見かけなくなったのに、どうして大人たちはさらに少年法の厳罰化を求めるのだろうか。単純に「力で抑えればおとなしくなる」という誤学習だけが原因とも思えない。ほんの少しでも平穏な生活を脅かすリスクや不安があれば、徹底して排除しようとする大人社会の病理はいったいどこから来るものなのだろうか。

尾崎豊がデビューした1983年からこの世を去るまでの10年間は、校内暴力が鎮まり、いじめ、不登校、ひきこもりが広がっていった時期と重なる。名古屋のアベック殺人が起こり、政府が少年法改正を進めようとした時期でもある。

学校から世の中へ目を転じれば、1982年に登場した中曽根康弘政権が行財政改革を推し進め、国鉄をはじめ専売公社などの民営化へ乗り出した頃だ。不効率な公的機関を解体し、経済的合理化を求めて資本主義市場の拡大をもたらした。労働組合・労働運動は弱体化し、イデオロギーから経済へ、闘争から社会秩序の維持へと時代の軸足が移っていった。

世界的にも米ソ冷戦が終わり、レーガン米大統領やサッチャー英国首相らが主導して新自由主義経済が広がっていった。

世界全体で経済合理性の歯車がフル回転し、古い時代の不効率なシステムは破壊され、思想や哲学は吹き飛ばされた。それがめぐりめぐって日本のバブル経済をもたらすことになった。明治の開国以来、欧米の背中を追い求めてひた走ってきた日本が経済で「ジャパン・アズ・ナンバーワン」と称されるまでになった。

大きな時代のうねりのなかで、子どもたちは反抗することを許されず、管理され抑圧されていった。大人社会はバブルで浮かれていた。いや、浮かれていたというよりは、株や土地の天井知らずの高騰という前代未聞の現象に目がくらみ、この状況に乗り遅れまいと必死になっていたのかもしれない。しかし、実体の伴わない空疎な繁栄にどこか不安を覚えていた人は多かったのではないか。

先生のことを「かよわき大人の代弁者なのか」と尾崎豊は歌った。しかし、子どもたちを力で抑え込む強者と思われていた大人が実はそうではなかった。それが露呈したのは尾崎がこの世を去った後のことだった。

「1億総中流」の崩落

日本経営者団体連盟（日経連）が1995年に発表した「新時代の『日本的経営』」というリポートによって、これまでの正社員を中心とした従業員の構成を、①長期蓄積能力活用型（正社員）、②高度専門能力活用型（専門職）、③雇用柔軟型（非正規雇用）の3種類に分類した人事政策を取り入れることが各企業で進められた。

バブル崩壊後に低迷する経済、グローバリゼーションの進展に対処するため、人件費を削減し、合理化や効率化を進めることが目的だ。

その後のアジア通貨危機、大手金融機関の相次ぐ破綻などで景気は急降下し、否応なく各企業はコスト削減を迫られることになった。労働者派遣法が改正されて規制が緩和され、非正規雇用の労働者が増えていった。会社を疑似家族とする伝統的な日本型雇用の放棄であり、戦後の高度成長がもたらした「1億総中流」の崩落が始まった。

有効求人倍率は1993年から2005年まで連続して1を下回り、大学を卒業してもよい就職先が見つからず、フリーターや派遣労働者にならざるを得ない人が増えた。いわゆる就職氷河期である。新卒時に就活に失敗するとなかなか次のチャンスが訪れず、30〜40代になっても非正規雇用のままの人も多く、「ロストジェネレーション」とも呼ばれるようになる。

賃金が低い非正規雇用は「景気の調整弁」といわれ、不況になれば簡単に解雇された。2008年のリーマン・ショック後、社員住宅からも追われた人々が東京・日比谷公園内に開設された避難所「年越し派遣村」に集まった。経済的に苦しいため、結婚して家族をもつことができず、会社という帰属先も得られず、社会に対する信頼感ももてない。そのような人々が珍しくなくなった。

運よく正社員になれたとしても、それで安心というわけではない。非正規雇用が相対的に増えたことで、正社員は長時間の残業を強いられ、過酷な労働で健康を害し、過労死・過労自殺が増えていった。

さらに時代が進み、格差社会の「勝ち組」と目されていた中高年正社員も今では早期退職を迫られる立場になった。

少年犯罪や非行に神経をいら立たせ、徹底して社会不安を封じ込めようとした大人社会の強迫的な心理は、経済合理性を求める原理がいずれ自分たちに刃を向けてくる予感から生じていたのかもしれない。非効率を排していく一方通行の社会は、いつ自分が不効率な存在になるかもしれない不安、不要な立場になるかもしれない緊張を、すべての人にもたらす。

26年という短い生涯を駆け抜けた天才アーティストには、それが見えていたのかもしれない。

怒りをぶつける相手がいない不幸

時代とともに社会の価値観は常に変わっていく。最適のように思えるシステムはそれができたときから現実とずれていく。権威は常に新しい時代のニーズを満たすことができず、若い世代はいら立ちをかき立てる。

どんな国でも、どんな時代でも、既存の価値観に反発し、権威に怒りをぶつける若い世代が登場する。たとえ権威に挑んで挫折したとしても、敗北の痛みのなかで生きている実感を得られたりする。悔しさのなかで、克服への新しいエネルギーを生み出すこともできる。そうやって古いものと新しいものが衝突し、破局と融合を繰り返しながら時代は少しずつ変わっていく。

大人社会が子どもの非行や逸脱を許さず封じ込めながら、自らも不安におびえて崩れていったのだとしたら、若い世代は、いったいどこに反発すればいいのだろう。

「おれたちの怒り、どこへ向かうべきなのか」という歌は、怒りをぶつけるべき相手がいない若者たちの絶望を表している。誰もいない夜の校舎の窓ガラスを壊して回る……という尾崎豊は、何を壊したかったのだろうか。尾崎に自らの心情を投影した若者たちが、本当に壊したかったものとは、いったい何なのだろうか。

3 解体される正社員

どんな時代に生まれるのか、それは誰にも選べない。たまたま恵まれた時代に大学を卒業して人気企業に就職できた世代もあれば、そうではない世代もある。個人の努力や才能をのみ込む「時代の波」を思わざるを得ない。

しかし、大企業で安定した仕事に就いたはずの人々にも時代の荒波が押し寄せている。多くの大企業が中高年の人材削減を進めているのは、新型コロナウイルス禍によって業績が悪化したせいばかりではない。コロナ前から中高年社員の整理に乗り出している企業は多く、そのなかには業績のよい企業も含まれている。

バブル崩壊後に非正規雇用が増えたのとは違い、「勝ち組」の正社員が逆風にさらされている。定年までの凪《なぎ》のような会社員生活を思い描いていた者にとっては、驚天動地の心境だろう。雇用の異変、大人たちの憂鬱が家庭内にも暗い影を落としている。

狙われる中高年社員

2021年10月、ANAホールディングスが、2025年度末までに約9000人削減する計画を発表した。大半が国内従業員で、全日本空輸などANAブランドの航空事業に携わる人の2割超に当たる。これだけ大規模な人員削減に踏み切ったのは、コロナ禍で旅客需要の低迷が長引き、早期の黒字回復を断念したためだ。リストラの対象は全日空の地上職や客室乗務員だ。デジタル技術を活用した省力化を進め、サービス水準は維持する方針という。

大手電機メーカーのパナソニックも1000人を超える従業員の退職を公表した。2023年に持ち株会社へ移行するのに合わせ、退職金を上乗せして早期離職者を募集してきた結果だ。旧来の雇用慣行を改め、能力主義的な雇用制度の導入を図るためともいわれている。

日本たばこ産業(JT)は46歳以上の社員1000人の希望退職を募ることを発表した。九州工場やグループ会社の工場を閉鎖し、営業補佐のパート従業員制度も廃止するという。退職勧奨や雇い止めなどを含め3001人規模の人員を減らす方針だ。

アステラス製薬は450人の早期退職者を募集すると発表した。ほかに、ホンダ、NHKなどの人員削減が報道されている。いずれも日本を代表する企業ばかりだ。

新型コロナウイルス感染症のパンデミックに直撃されたＡＮＡ、たばこ離れで構造不況のＪＴはともかく、業績が好調な分野の企業も希望・早期退職を推し進めているのである。黒字企業による人員削減数は２０１９年に９０００人を超えて前年の３倍に増えたことが話題になったが、その流れはさらに加速している。

ターゲットにされているのは中高年の正社員だ。日本の経済が最高潮だったバブル期に大量入社した世代で、もともと人数がだぶついている割に社内のポストが足りず、年齢別に見れば給与水準が最も高い層でもある。

就職氷河期世代や何らかの事情で条件のよい就職先を得られなかった人からすれば、大企業の正社員という安泰の地位を手に入れた、うらやましい存在であろう。

ところが、データとＩＴを活用したＤＸ（デジタルトランスフォーメーション）などによってビジネス環境の変革が進むにつれて、各企業は省力化や企業風土の改善に取り組むようになった。そうした変化についていけず、態度や声ばかり大きいと見られがちな世代でもある。

経営者からすれば、人件費の負担を軽くする意味でも、新しい時代のビジネスに転換するためにも、中高年社員の整理は避けて通れないと思うのであろう。他社がそのようにして生き残りを図っているのを見ればなおさらである。

リストラを迫られる側からすれば、労働運動が盛んだった時代ならば仲間の雇用を守るために組合が経営陣に立ち向かってくれたのにと思うかもしれない。しかし、今や労働組合を組織している企業は全体の2割にも満たない。非正規雇用が増えていくにしたがって、正社員のための労働組合は社会的にも存在感が薄れていった。

同じ社内で働く非正規雇用の社員の苦境をはた目に、正社員である自分たちの高賃金を死守することを優先してきた労働組合が衰退し、今や正社員の雇用を守れなくなっているというのは、何とも皮肉だ。

若手人材の獲得競争は激化

それほど働く人は余っているのかといえば、そうともいえない。現役世代の人口は減り続けており、相対的に見ると人手不足に陥っている企業は多い。新規採用が思うようにいかない、せっかく採用した人材が早期離職する。そんな悩みは各業界に広がっている。人手不足を原因とする倒産も毎年のように過去最多を更新している。

人手が足りないのに、一方で大量の人員削減が進められているのは、イノベーション（技術革新）を起こし得るような新しい知識やセンスをもった若手人材の獲得競争が過熱しているからでもある。

大手電機メーカーでは、大量の中高年社員のリストラを進める一方、能力に応じて新入社員でも年収1000万円を保障する新制度を導入したり、高度な技術を持つIT人材には30代でも年4000万円の高額報酬を支払ったりするところがあるとされる。その原資を捻出するために、中高年社員の人件費を充てようというのだ。

なりふり構わぬ能力主義に走らなければ、国際的な技術革新の競争を生き抜けないという焦りが経営層にあるのだろう。

日本の雇用慣行は欧米に比べると特殊だ。「新卒一括採用」「年功賃金」「終身雇用」を柱とするもので、「メンバーシップ型」とも呼ばれている。

仕事の内容や成果に見合った賃金を労働者が得る「ジョブ型」の欧米とは異なり、日本企業は社会で働いた経験のない未熟な新卒社員でもとりあえず採用して社内で教育をして戦力に育てていく。そのため、日本の若年層の失業率は低い。その代わり、「若い頃は修業の身」とばかりに上司や先輩社員からこき使われるのが当たり前で、一人前になるまでは文句も言えないという風潮の職場は多かった。

年齢が上がって結婚し子どもができる頃になると、会社は社員の家族の生活費まで含めた賃金を保障する。経験を積んで仕事のスキルが上がるにしたがって、給与も上がっていく。長幼の序の価値観をベースに、同じ会社の社員全体が疑似家族として定年までの生活を守られる。

「年功賃金」や「終身雇用」を柱にした日本型雇用の下では、中高年社員の給与水準が高いことに疑問を抱く人はいなかった。

労働基準法によって正社員の雇用は厳しく守られ、その代わりに長時間の残業や急な出張にも逆らえない、というのが日本の正社員だったのである。

世代間の断層が深まる

伝統的な日本の雇用慣行が通用しない時代になろうとしている。

高い報酬でヘッドハンティングされる一部の高度な知識やスキルを持つ若手社員だけではない。多くの若い社員の間では「働かない」「新しい技術が使えない」上司や先輩に対する不満の声が少なからず渦巻いている。

コロナ禍によってリモートワークが一般的になり、オンラインでの会議や営業などが当たり前になった。新しい技術が次々に生まれて利便性は増している。消費者のマインドや行動が変わり、余っているモノや場所を共有するシェアリングエコノミーなども普及している。今後のビジネスモデルは加速度的に変わっていくだろう。

東京に本社がある大企業に勤める20代社員は転職か起業を考えているという。仕事にはやりがいを感じており、社内でも評価されている。給料も特に不満はない。しかし、働かない中高年の社員たちを見ていると、その分の負担が若い自分にのしかかっているのを感じて我慢できなくなるという。同期入社の社員はすでに何人か退職している。

経験によって身につけたもの、忍耐や協調性のような目に見えないものの価値が幅を利かせていた時代とは違い、努力や才能と成果のつながりが可視化されるようになった。新しいビジネスの流れに敏感な若い世代からすれば、中高年の「古さ」にフラストレーションがたまるのだろう。そして、転職先はいくらでもある。

「今の20代社員はほぼ全員が転職サイトに登録している。もっと条件のよい転職情報があればいつでも会社を辞めるつもりでいる。上の世代とはまったく違う」。大手職員会社の人事担当者は苦笑する。

ネット活用の内容に関する調査では、40代以降はメールのやり取りが最も多いのに対し、若い世代はメールではなくＳＮＳや動画を使っている人が多い。その違いは際立っている。中学や高校ではＩＴやデータサイエンスが授業で取り入れられるようになった。ＤＸをめぐる世代間の断絶はますます広がっていくに違いない。

70歳までの雇用確保

企業が中高年社員の整理に血道を上げているのは、業績悪化や省力化のためだけではなく、政府の雇用政策も影響している。

企業には、60歳で定年を迎えた社員のうち希望者を65歳まで継続雇用する制度を導入することが義務づけられている。これが定められた改正高年齢者雇用安定法が施行されたのは2013年のことだ。年金の支給開始年齢の引き上げに伴い、定年と年金受給の間の空白を埋めるための改正だった。

2021年4月施行の改正高年齢者雇用安定法では、希望者は70歳まで雇用することが企業の「努力義務」となっている。

ただでさえ中高年社員を抱えることに苦労しているのに、70歳まで雇用を引き受けろというのか……。経営者のため息が聞こえてきそうだ。法律で70歳までの雇用確保が「義務」になる前に、できるだけ整理しておきたいという心理が働くのは想像に難くない。厚生労働省の審議会で70歳までの雇用確保の議論が進むにつれて、多くの大企業が慌てて中高年層の早期退職勧奨に踏み切った。駆け込みリストラである。

政府が高齢者の雇用を重視するのにはそれなりの合理性がある。

少子化に伴って日本全体の人口は急激に減っていくが、65歳以上の「高齢者」は２０４２年頃まで増え続ける。さらに、医療や介護が必要になる75歳以上の「後期高齢者」はその後も増え続ける。医療や介護などの社会保障制度は「65歳以上＝高齢者」という前提で設計されている。年齢別人口推移がこのまま変わらないとすれば、医療も年金も介護保険も不安定になっていく。

まだまだ働けるのに退職してみんなが年金生活をしたのでは、社会保障制度は立ち行かなくなる。この危機的な状況を乗り切るのに最も現実的な対策は、65歳を過ぎても元気な人は働き続け、「支えられる側」ではなく「支える側」に居続けてもらうことだ。

実際、以前に比べて元気な高齢は増えている。65歳を過ぎても医療や介護を必要とせず健康な状態でいる期間のことを「健康寿命」と呼ぶが、日本人の健康寿命は欧米各国に比べると長い。健康診断の受診、塩分を控えた食事、運動する習慣、禁煙などを勧める健康増進策もあって、かつてに比べて健康寿命は確実に延びている。

そういうことも背景に、高齢者の雇用確保に関する制度改正が繰り返されてきた。社会保障政策と雇用政策は表裏の関係にある。

２０１３年の高齢者雇用安定法改正では、各企業が従業員を65歳まで働けるよう、定年の引き上げか定年制廃止か、65歳までの継続雇用制度（再雇用制度・勤務延長制度等）を企業に義務づけた。

さらに、2021年改正では、65歳から70歳までの就業機会を確保するため、企業に対して以下のいずれかの措置を講ずる努力義務を新設した。努力義務とはいえ、企業にとって70歳まで雇用確保を求められるのは負担感が大きい。経営者側だけで何とかしようしても容易に前には進まないだろう。むしろ個々の従業員の価値観やライフスタイルを変えることが必要だ。

一般社団法人「定年後研究所」の調査では、40～64歳の社員に将来の希望を聞いたところ「将来も同じ会社で働きたい」という回答が約7割を占めた。新しいことへのチャレンジや変化を避ける保守性が際立っている。

企業の研修も若手や幹部候補生に対しては熱心に実施されるが、中高年への研修は定年前のものくらいで、その内容は健康、退職金、年金、定年後の社会保障制度についての内容がほとんどだ。まるで定年後の隠居生活を想起させるようなものだ。能力開発やキャリアデザインをテーマにしたものは全体の6・9％しかないという。

定年を機にひきこもる

日本における「ひきこもり」の実態や背景について、内閣府の調査では、15～39歳の1・57％に当たる54・1万人が広義のひきこもりの状態にあるという。40歳以上にもひきこもり状態の人が多数いることが指摘されている。子どもや若者の問題というだけでなく、原因も不登校やいじめだけではないことが認識されるようになった。

内閣府が40歳以上にも対象を広げた調査をしたのは2018年だ。この調査で分かったのは、中高年（40～64歳）のひきこもりの出現率は1・45％で、推計数は61・3万人に上る。

ひきこもり状態になってから7年以上経過した人が約5割を占め、長期に及んでいる傾向が認められること、専業主婦や家事手伝いのひきこもりも存在すること、ひきこもり状態になった年齢が全年齢層に大きな偏りなく分布していること――などがわかった。

全年齢を対象にした調査項目で注目すべきなのは「初めてひきこもった年齢」だ。60～64歳が17・0％で最も多かった。60歳になるまでは仕事に就いて社会とのかかわりを持って生活してきた人が、60歳を過ぎてから他者と交わらずに家の中に閉じこもっている姿が浮かんでくる。それが半年以上も続いているというのである。

「初めてひきこもった年齢」は、40歳以上が全体の6割近くを占めている。ひきこもるきっかけは「退職したこと」「人間関係がうまくいかなかったこと」「病気」「職場になじめなかったこと」「就職活動がうまくいかなかったこと」の順に多い。

中高年まではそれなりに社会で働き、生活してきた人が、定年やリストラで仕事をなくしたり、職場の人間関係がうまくいかなかったりして、ひきこもるというケースが多いことを物語っている。

この調査は新型コロナウイルスが蔓延する前の２０１８年12月に実施されている。コロナ禍が長引くなか、業績が悪化する企業が中高年のリストラを断行していることを考えると、退職を機にひきこもる人はさらに増えていることが想像される。

大企業で定年まで正社員をしてきた人には、学齢期の頃も成績がよい「勝ち組」に属していた人が多いであろう。順風に人生を歩んできたところ、中高年になって必ずしも自分のせいではないにしても会社から「戦力外」を通告される。そのときのショックはいかばかりだろう。人生で初めての大きな挫折、という人が多いのではないか。プライドを傷つけられ、看板(所属先の会社名)をなくし、やりがいや生きがいを失った中高年の寂しい背中が目に浮かぶようだ。

日本の正社員は優秀か

平成になって有名企業の不祥事が相次いだ頃から言われてきたこととして、日本の大企業正社員は本当に優秀なのかということがある。奇跡の高度成長期からバブル期に至るまで、日本の社員の勤勉さや優秀さを疑う声など聞いたことがなかった。しかし、グローバリゼーションが進み、相対的に日本企業の優位性が揺らぎだした頃から、日本の正社員をめぐる神話が崩れ出した。

会議が長く、無駄な会議が多く、参加する人数も多すぎることはよく知られている。企画を実現するために、稟議書を作成していくつもの部署の決裁をもらわないと前に進まない。企画の中身よりも社内の人間関係をふだんから円滑にしておくことが大事だとされ、アフター5の付き合いは怠らないようにする。結果が出なくても努力を評価してもらえば何とか乗り切れる。逆に結果を出しても上司からにらまれると次のチャンスは得られなくなる。

会社を疑似家族のように考え、新卒一括採用・年功賃金・終身雇用を旨とする日本型雇用システムに慣れ親しんできた人であれば誰しも感じたことはあるだろう。

先行する欧米諸国の企業をキャッチアップする立場だったときにはチーム内の協調性や一体

感が社業を推進していく原動力になったが、国際競争のなかで新しい技術や商品を生み出さなければならなくなり、日本型雇用はむしろデメリットのほうが目立つようになった。

経済活動のグローバル化によって必要とされるのは、日々進化している情報テクノロジーに関する最新の知識やスキルを持っていることや、英語など外国語を使いこなせる能力だろう。外国籍の人材やLGBTなどの特性のある人の採用も必要になってきたことを考えると、文化や慣行の多様性を理解し、時代に合った人材の採用や育成ができることも重要だ。会社を超えて通用する能力、国境を超えてのビジネス活動ができる資質こそが労働市場の価値を左右すべきものである。

アイデンティティーの危機

これまでの常識にとらわれない独創的なアイデアは、上司にとって「使いやすい優等生」とは対極のところから生まれる。ITの世界で革命的なイノベーション(技術革新)を起こしてきた天才たちを見れば明らかだ。独創性に富んだ人は従来の価値観からは外れていることがあるため、日本社会では、しばしば仲間の調和を乱し、上司にとっては「使いにくい問題児」としてレッテルを貼られ、排除される傾向がある。日本企業がイノベーションを起こせなくなった理由は、内向きの価値観に傾斜しがちな日本型雇用にその原因がある。

会社内の会議室の予約や社有車を優先的に使うことのできるノウハウ、社内各部署に人脈があり円滑な社内コミュニケーションが図れること、上司の家族の情報などをもっており、気に入られる配慮や振る舞いができること。会社内だけでしか通用しない「特技」のある社員が重宝され、出世して影響力のあるポストに就き、似たような内向き社員の再生産を繰り返していくうち、組織そのものが社会から取り残されていく。これではイノベーションなど起こせるわけがない。

イノベーションばかりでなく、社員自身がこのような仕事しかできないとしたら、本当のやりがいや生きがいを感じることができるのだろうか、とも思う。

社会にはさまざまな課題が満ちあふれている。企業活動を通してそうした課題の解決や社会全体の繁栄や進歩につながっていく実感がもてないとしたら、どうだろうか。

それどころか、自分の所属する組織・会社のなかでの成功や出世が顧客や取引先の満足につながっているかどうかもよくわからない人がいる。いったい何のために仕事をしているのか、やりがいとは何なのかがわからないとしたら、日々の労働に苦痛しか感じなかったとしても不思議ではない。

時代の変化に振り落とされる

社会の土台が崩れていく危機の震源は、自分の仕事に真のモチベーションを感じることのできないエリート社員にある。

それは今に始まったことではない。戦後の復興から高度成長を経てバブルに至るまで、身を粉にして働くことで会社の業績が上がり、その集積が社会全体の繁栄をもたらすものだとみんなが信じていた。仕事と生活が分断され、自分の住んでいる地域の課題に疎くても、自分の子どもが通う学校で何が起きているか知らなくても、企業で働く正社員とはそんなものだと思われていた。むしろ、家庭を顧みず会社に滅私奉公することが美徳とされるようなところさえあった。

自分の所属する組織の歯車に徹して働くことが社会全体を繁栄させるという「正義」は、バブルが頂点に達し「ジャパン・アズ・ナンバーワン」となったことで揺らぎ始めた。

会社は投資家のものであり、そこで働く労働者は利益を出すための歯車にすぎない。新自由主義経済とグローバリゼーションは日本型雇用に安住していた正社員のアイデンティティーを奪った。

社会を覆う漠然とした不安は、少子高齢化だけでなくそれを支えている現役世代の自信喪失によるところが大きい。怒りをぶつけるべき相手がいない若者たちの不幸がここにある。

大企業のエリート社員だけでなく、中央省庁や自治体の公職に就く人々もそうだ。学歴社会のなかで偏差値の高さを追い求め、大学を卒業して所属する組織のなかでもまた優秀さを競う。閉ざされた組織のなかでの価値観に縛られ、社会のなかで生きる市民としての自立した「個」となり得ない。時代の変化から振り落とされていく大人たちの姿が、生きる意味を求める若者の瞳に映っているに違いない。

そして、バブル後の30年、社会の格差は広がり、会社や地域社会のつながりは薄れ、家族すら分解されていくなかで、大人たちもまた孤立と疎外に苦しめられている。長い老後を前に会社や家庭に居場所が見つけられなくなった中高年男性は多い。

阪神・淡路大震災や地下鉄サリン事件という危機に直撃されたとき、自らの弱さや脆さに直面した人々のなかにやさしい風が吹いた。大自然の変動やカルト集団の狂気の前で日常の平穏のはかなさ、愛おしさを感じたからに他ならないだろう。時の流れとともに、いつしか忘れてしまったが、今日の社会が直面している地球規模の気候変動や資本主義の行き詰まり、急激な現役世代の減少は1995年当時の危機よりもさらに大きなものである。慢性的に進行しているのでリアルに感じられないだけだ。

個人の力ではどうにも解決できない大きな危機に見舞われても、人々の暮らしの幸せや充足感をかみしめられる社会にしなくてはならない。個人の力どころか一国の政府をもってしても手に負えない課題ばかりが目の前にそびえている。この時代に生きている人々の価値観を変えなければ世界は破綻する。とりわけ社会に直接的な影響力をもたらし得る大人たちの価値観の転換が求められている。

人間の小ささや愚かさを自覚し、内面世界に安寧や潤いを運ぶやさしい風を今こそ起こさなければならないと思う。

第4章

楽園とスティグマ

この章では、高度成長からバブルへと繁栄を極めてきた社会の底にずっと取り残されてきた人々のことを考えたい。福祉の対象として位置づけられ、成長を求める社会の「お荷物」のようにみられていた障害者や難病患者のことだ。

2000年に始まった介護保険に引っ張られるように、障害者福祉にも多くの予算が投じられ拡充してきたが、福祉サービスが増え、権利擁護の制度が整ってもなお、障害者は古い時代のスティグマ(差別や偏見の烙印《らくいん》)に脅かされている。

私自身は1996年から障害者の虐待事件の数々を発掘して報道してきたが、重度の知的障害の子をもつ親という「当事者」でもある。知的なハンディのため言葉を発せず、自傷や他害などの行動障害のある人は、障害者の権利擁護の潮流からも遅れていることを痛感している。閉鎖的でプライバシーのない入所施設や精神病院で暮らしている人は今も多い。自由のない環境のなかで、さらに居室に閉じ込められたり身体を拘束されたりしている人がいる。

人間にとって自由を奪われるとは何を意味するのか、彼らの存在は私たち自身の精神の不自由さを映し出す鏡でもある。

1 津久井やまゆり園事件の深層

津久井やまゆり園事件（2016年7月26日）は障害者差別解消法が施行された年に起きた。この事件がえぐり出したものは今も社会の根幹を鈍く震撼させている。事件を起こした元職員の植松聖死刑囚は犯行前、衆議院議長宛ての手紙に「重度の障害者には生きる価値がない。社会に不幸をもたらすことしかできない」と書いた。刑事裁判の前には拘置所で多くの人との接見に応じ、手紙のやり取りをし、自らの主張を繰り返している。

「すべての障害者を否定しているわけではない。意思疎通のできない重度の知的障害者、寝たきりに近い重複障害者（＊植松死刑囚は『心失者』と呼ぶ）を養うことは莫大《ばくだい》なお金と時間が奪われる」「障害者施設に勤務してわかった。心失者は社会を不幸にする。私は結果を出した。あなたはどんな解決策があるのか」［『開けられたパンドラの箱』創出版発行］

植松死刑囚と接見し文通した人は真の動機を彼から聞き出そうとしたのだろうが、誰がどのようにただしても特異な主張は揺らがない。そのかたくなさはわかったものの、事件の真相に迫ることはできなかったように思う。結果的に、メディアを通して被告のゆがんだ障害者観が拡大再生産したかのような印象すら残る。

横浜地裁での刑事裁判のなかでも植松死刑囚は障害者に対する差別的な言葉を繰り返した。「私の考えに賛同してくれる人は多いはずだ」〔前掲書〕と言う。事件直後からネットには被告に同調する書き込みがたくさん行われ、障害者の家族会にも誹謗中傷のメールが届いた。そのなかには障害者施設に勤務している人物からと見られるものもある。

社会のなかに潜んでいたものを呼び覚まそうとしているのだろうか。それに対して私たちはどんな答えをもっているのだろう。

優生思想は誰にもある

「その人に生きる意味があるとかないとか他人に決めつける権利はない」

「どんな人も生きる権利がある。存在する価値を他人が否定することは許されない」

障害者や福祉関係者からそのような反論がメディアやシンポジウムなどの集会を通して噴出してきた。

そのどれもが正論だと思う。私自身、そうした言葉に励まされ、自分自身を納得させて生きてきた。

しかし、どれだけ正論をぶつけても植松死刑囚の心は動かない。

少子高齢化が進み、低成長で財源も足りず、困っている人はたくさんいる。国と地方の長期債務は現在1200兆円を超えた。世界でも類を見ない巨額の債務で、このままでは2040年には2700兆円にまで膨らむという試算がある。

重度障害者にお金を注いでいる余裕はない。植松死刑囚はそう言っているのである。その人の生きる意味を他人に決めつける権利はないと言われても、このままでは漂流する舟は沈没して全員が死んでしまうではないか。だから私は答えを出した。あなたにはどんな解決策があるのだ？　ここに彼の確信がある。

自分のなかにも「小さな植松」が潜んでいる——と言うのは日本障害者協議会代表の藤井克徳氏だ。自らも視覚障害のある藤井氏は拘置所の被告と3回接見したという。「日本社会には障害者差別が根強くある……この差別意識は人間の性《さが》ともいえるものです」［『AERA』2020年3月16日号、朝日新聞出版］

差別を醸成する要因は無関心や無知といい、それを乗り越えるために必要なのは「地域や職場で最も厳しい条件に置かれている人を応援する気持ちをもつことです」と藤井氏は述べる。「そうした人を置き去りにすると、それが社会や集団の最低基準になり、職場であれば賃金や待遇面などで全体のレベルアップが阻害され、やがて自分自身に返ってきます」

誰のなかにも優生思想につながる志向はあり、建前やきれいごとを言うだけでは障害者を守れないと認めている点で藤井氏の発言は重要だ。

しかし、植松死刑囚が殺戮《さつりく》のターゲットにしたのは、地域や職場で置き去りにされている障害者ではない。地域から存在を消され、山奥の障害者施設で暮らし、殺された後も名前ではなく記号でしか呼ばれず、社会や集団の「最低基準」になることすら認められていない重度障害者なのである。

当事者とは誰なのだろうか。

藤井氏だけでなく、事件直後から現在に至るまで、何人もの障害者の談話や寄稿が新聞やテレビ、雑誌等で紹介された。業界内では著名な大学教授や障害者運動のリーダーなどだ。私自身も長年の知己があり、研究業績や社会的活動には敬愛の念を抱いている人もいる。相模原事件に関する考察にも深く鋭いものがあることは私自身も認めるところだ。

しかし、彼らは障害者ではあるが、この事件における「当事者」といえるのだろうか。

マスコミは「障害者＝当事者」と考えて彼らのインタビューや寄稿を掲載してきたのだろう

が、彼らは植松死刑囚が刃を突き立てた「心失者」ではない。植松死刑囚の視野に入っていたのは「意思疎通のできない重度の知的障害者、寝たきりに近い重複障害者」であって、「すべての障害者を否定しているわけではない」とわざわざ断っている。

国連障害者権利条約が批准されたのは2014年。合理的配慮を定めた障害者差別解消法は2016年に施行された。藤井氏はじめマスコミに登場する障害者は、一連の権利擁護を推し進めてきた原動力となり、障害者福祉や権利擁護を牽引してきた人々である。

植松死刑囚が殺戮のターゲットにしているのは、そうした条約や法律を理解できない重度知的障害者や寝たきりに近い重複障害者だけだ。その照準は微塵もブレることがない。

また、殺害した障害者の家族に対しては「申し訳ないことをした」とも述べている。津久井やまゆり園の職員として働いていたときには、障害者の家族の疲れ切った表情に同情を寄せてもいる。

一般の障害者や家族に対してはまったく別の態度を見せているのである。

重度の知的障害者を家族や一般の障害者から分断し、誰にもじゃまされない架空の「楽園」(重度障害者にとっては強制収容所)を自分のなかにつくり上げて殺戮計画をあたためてきたのではないだろうか。そうすることによってしか自らの存在証明を得られないのかと思うと、救いのない弱さや幼稚な残虐性を感じてしまう。衆議院議長宛ての手紙で「障害者470名を抹殺できます」と書いたのは、批判も抵抗もできない重度障害者を皆殺しにすることを夢想してのことだったに違いない。

刑事裁判で遺族からあれだけ激しい非難や重い問いをぶつけられながら、植松被告は動揺を見せなかった。「楽園」のなかには家族は存在しないからである。マスコミに登場する障害者もそこにはいない。

政治や社会のせいなのか

植松死刑囚のような価値観を生む背景として、過度に生産性を重んじ、自己責任を求める社会の風潮があることは間違いない。グローバリズムの進展に伴う格差の拡大や安倍政権の経済政策に原因があることを示唆する言説もマスコミに多く登場する。

真理がどこにあるのかはさておき、とりあえず目の前の権力に批判的な目を向けることに正義を感じる編集者やディレクターにはとても都合のよい論説であろう。オウム真理教や秋葉原の通り魔事件など、真の動機や背景がよくわからず不可解な衝撃を社会にもたらす事件においては特にそうだ。

安易にそのような論調を受け入れてなんとなく納得してしまうのは、事件の焦点をぼかし、問題意識を希釈してしまいかねないと思う。社会全体や政治という漠然としたものに矛先を向けられることで、津久井やまゆり園の幹部、監督する立場にある行政当局などはさぞ安堵していることだろう。

経済も社会もグローバル化し、競争の激化に伴って格差が広がっていく。家族や地域社会のつながりが薄れ、政府にもそれを補う余裕がなくなっている。自己責任を求める風潮は必然的に広がり、私たちの潜在意識のなかに根を下ろすのは避けられないだろう。

だからといって、植松死刑囚のような価値観が生まれるのを政府や社会のせいにばかりしてはいけない。

やりがいはどこで変質したか

障害者福祉の仕事をしている人のなかには、重度障害者に愛着を感じ、彼らが存在すること自体を確信的に肯定している人が少なからずいる。「3K職場」などというネガティブなイメージとはまったく違う価値観を、重度障害者を支援する仕事に見出している人は多い。

それが強がりでも偽善でもないことは、神奈川県横浜市にある社会福祉法人訪問の家や、兵庫県西宮市社会福祉協議会の青葉園を訪ねてみればわかる。植松被告が生きる価値を否定する

「寝たきりに近い重複障害者」たちが街のなかにあるグループホームで暮らし、そこで働く職員や地域住民らは彼らとの日常的な交流を通して生きがいを実感している。

全国各地の障害者支援の現場でそうした職員たちに出会えるはずだ。家族のなかに障害者がいるわけでもなく、学校教育で福祉の意義を教えられなかったとしても、彼らは重度障害者と接するなかで、重度障害者の生きる意味を肯定的に見る価値観を身につけていくのである。

障害者自立支援法(現在の障害者総合支援法)が施行された2006年から障害者福祉の予算は毎年2ケタ前後の伸びを続け、施設や事業所は増加の一途をたどってきた。ひどい虐待は毎年のように数多く報告されているが、障害者を一人の人間として尊重し、彼らに自由な暮らしを保障しようという動きも広がっている。入所施設や病院でしか暮らせないと思われていた重度障害者も地域で生活できるようになった。それを支えているのが予算増に伴ってたくさん採用されてきた若手職員たちである。

植松死刑囚も希望を抱いて福祉現場に飛び込んできた若手職員の一人だったはずだ。津久井やまゆり園で働き始めた当初は重度障害者の支援をすることにやりがいを感じていたことをうかがわせる証言もある。なのに、どうして正反対の価値観をもつようになったのか。そこにこの事件の謎を解く鍵がある。

真の被害者は誰なのか

事件直後、神奈川県は保護者と施設の要望を受けて施設の建て替えをすることを表明した。神奈川県警は「知的障害者の支援施設であり、遺族のプライバシーの保護等の必要性が高い」と被害者を匿名で発表した。マスコミの報道も差別や偏見に苦しむ保護者に同情的なものが多かった。

しかし、植松死刑囚は「通り魔」ではない。事件の5か月前まで「やまゆり園」で働いていた元職員である。勤務中には障害者に対する虐待行為や暴言もあった。なぜこんな人物を雇ったのか、どうして指導や改善ができなかったのか、なぜ犯行予告をされながら守れなかったのか……。被害者の家族がそう思ったとしても不思議ではない。もしも保育所で同じ事件が起きたら、施設は管理責任を追及されるはずだ。なぜ知的障害者施設ではそうならないのか。

それは、親たちが望んで、あるいはやむにやまれずにわが子を「やまゆり園」に預けているからであろう。親は冷たい視線にさらされながら、何もかも背負って生きなければならなかった。あわれみや、やっかいなものを見るような視線を容赦なく浴び、ストレスで心身を病んで仕事を失い、家族が崩壊するのを嫌というほど見てきた。そんな親たちを救ってくれたのが入所施設だった。

しかし、入所施設では自由やプライバシーが制限された集団生活を強いられる。「どうしてこんな山奥の施設に閉じ込められなければいけないのですか」「僕はお父さんにだまされて連れてこられた」。1997年に白河育成園（福島県）という入所施設で虐待事件が発覚したとき、被害にあった障害者たちからそう言われた。

やまゆり園の障害者はそんなことは言わないだろう。それはやまゆり園がよい施設だからか、障害が重くて話すことができないからなのか。楽しそうな顔をしているように見えても、それは他の選択肢を知らないからではないのか。ハプニングに富んだ自由な地域生活では、さまざまな人との出会いや心の交流がある。挑戦や冒険をして感動したり、悔し涙を流したりすることもある。そうした体験をしたうえで、それでも彼らは入所施設を選ぶだろうか。

親も同じだと思う。わが子のためにと思っていろんなことをやるが、わが子のためではなく、親が自分の安心感を手に入れたくてやっていることが多い。自分を振り返っていつもそう思う。孤独と疎外感に苦しんだ経験をすると、わが子を預かってくれる相手が神様みたいに見える瞬間がある。認めたくはないが、親の安心と子の幸せは時に背中合わせになることがある。

「保護者の疲れ切った表情」を見て植松死刑囚は「障害者は不幸をつくることしかできない」と考え「安楽死させる」という考えに至る。とんでもない倒錯ではあるが、保護者への同情が着想の一つには違いない。県警が被害者を匿名発表した理由も保護者への配慮である。マスコミの報道も保護者への共感である。

しかし、被害にあったのは保護者ではない。障害のある子の存在を社会的に覆い隠すことが、本質的な保護者の救済になるとも思えない。保護者に同情するのであれば、そのベクトルは差別や偏見をなくし、保護者の負担を軽減し、障害のある子に幸せな地域生活を実現していくことへ向けなければならない。

障害者福祉の現場は着実に変わっているのに、「障害者＝不幸」というステレオタイプの磁場のなかに彼らを封じ込めようとしているように思えてならない。真の被害者が何も言わないから、許されているだけだ。

「障害者は人間として扱われていない」

刑事裁判のなかでは、植松被告が友人や関係者に語った言葉の数々が証拠として示された。津久井やまゆり園で働いていた約3年のなかで被告の障害者観がどのように変わっていったのか、証言をたどることでその一端が垣間見られる。

「（植松は）『職員が死んだ魚の目をして希望なく働いている』と話すこともありました。しかし『でも障害者はかわいい。いつも寄ってきてくれるし俺がいないと生きていけないんだ』とうれしそうな口調で言っていて、ようやく被告が楽しく仕事をするようになったと安心しました」。これは大学時代の友人の証言だ。

「仕事については『年収300万円で安い』と言っていましたが、『障害者はかわいい。仕事はおもしろい』と言っていました」「就職活動について相談したところ、『仕事は金のためじゃなくやりがいだと思う。入れ墨を入れている自分でも、障害者の人たちはきらきらした目で接してくれる。自分にとって天職だ』と話していました」という別の友人の証言もある。

植松死刑囚の言葉に暗い影が差すようになったのは、働き始めて2年が過ぎた頃からだ。

「『障害者はかわいそう。食べているごはんもひどくて人間として扱われていない』と話すようになりました」「『意思疎通できない障害者は生きている意味がない』と言うようになりました。仕事で何かあったのかなと思いました」。友人たちの証言からは植松被告の心情が暗転していく状況がうかがわれる。

植松死刑囚自身も検察官の質問に対して、津久井やまゆり園の職員について「口調が命令的。人に接するときの口調じゃなかった」「人として扱ってないと思った」「食事は流動食で、職員は流し込むというような状況。人の食事というよりは、流し込むだけの作業に見えた」などと証言している。

入所者への職員の暴力に関するうわさについて質問されると、「はじめはよくないと思ったが、（職員に）『2、3年やればわかるよ』と言われた」と述べ、自らも食事を食べない入所者に「しつけと思い、鼻先を小突いた」と証言した。

植松死刑囚は起訴前の精神鑑定で「自己愛性パーソナリティー障害」と診断され、裁判では精神科医が「大麻精神病の状態だった」と証言している。人格障害や大麻の影響が犯行と何らかの関係があるのかもしれない。しかし、「障害者は人間扱いされていない」という彼自身の言葉、「2、3年やればわかるよ」と同僚職員から言われたという証言を看過することはできない。

植松死刑囚の価値観の変容は、施設内での障害者の処遇の実態から少なからぬ影響を受けていると考えるのが自然だ。

「障害者はかわいい」が180度暗転して「障害者には生きる価値がない」へと変わるには、価値観の転換をもたらした何かが現場にあったと見なければなるまい。「障害者はかわいそう。人間として扱われていない」という施設内の劣悪な処遇実態がその「何か」ではないのか。

問われる「生きる価値」

経験の浅い職員が疑問や失望を感じ、不全感にさいなまれることは珍しくはない。不全感の責任を何も言えない障害者のせいだと思ってしまう職員もいる。理不尽な論理の飛躍には違いないが、施設という密室のなかで生まれた職員の独善が、エスカレートして虐待へと姿を変える。植松死刑囚もそうした職員の一人だったのではないか。大量殺戮というあまりの衝撃に目がくらむが、基本的な構図は善意の職員が虐待者になっていく軌道と変わらない。

裏返して言えば、全国各地の施設で職員をゆがんだ障害者観に染めていく要素があり、いつまた惨劇が起きるかもしれないリスクを抱え込んでいるということにほかならない。

相模原事件の遠因を現在の社会状況や政治に求めることも大事だが、その前に焦点を絞って考えなければならないのは施設内の支援や職員の教育についてである。そして、入所施設という障害者が暮らす場の閉鎖性についての再検討も必要だ。それが再犯防止に直接つながり、障害者や家族の安心と幸せ、職員の働きがいについても改善に向けた取り組みを後押しすることになるだろう。

何度も繰り返すが、植松被告がターゲットにしたのは重度の知的障害者や寝たきりに近い重複障害者だ。山奥の入所施設で暮らしていても、そこで人間扱いされていなくても、「生きる価値がない」と職員に決めつけられても、何も言わない人々である。

そういう人々の生きる意味や価値について、抽象論ではなく、もっと能動的かつ具体的に見つけていかなければならない。彼らを支援している職員や家族のなかには日常的にさまざまな影響を彼らから受け、生きる意味や価値を実感している人は多い。それをあえて言葉にすることで、家族や職員という閉じられた関係のなかだけでなく、社会に向かって価値の共有を図ることにもなるのではないかと思う。

この子らを世の光に

戦後日本の障害児教育や障害者福祉を切り開き、滋賀県に重症心身障害児施設「びわこ学園」を創設した糸賀一雄氏は、「この子らを世の光に」という言葉を後世に残した。重度障害のある子に世の中の光を当てるのではなく、この子たちこそが世の中の光なのだという思想である。

「この子らはどんなに重い障害をもっていても、誰と取り替えることもできない個性的な自己実現をしているものなのである。人間として生まれて、その人なりの人間となっていくのである」

「その自己実現こそが創造であり、生産である。私たちのねがいは、重症な障害をもったこの子たちも立派な生産者であることを、認めあえる社会をつくろうということである」

「精神薄弱児の生まれてきた使命があるとすれば、それは『世の光』となることである。親も社会も気づかず、本人も気づいていないこの宝を、本人のなかに発掘して、それをダイヤモンドのように磨きをかける役割が必要である」

戦後間もない頃に制定された優生保護法の下で合法的に強制不妊手術を行い、国家が障害者の命を否定していた時代である。糸賀氏の言葉の厳しさや重さを感じる。障害者の命を抹殺する嵐が吹き荒れるなかで、「この子らを世の光に」と立ち尽くす姿がしのばれる。その遺伝子を受け継ぐ人々を日本の福祉現場は輩出してきたのである。

2 人間にとって自由とは

人間にとって何よりも耐えがたいのは、自由を奪われることである。

刑罰のほとんどは身体の自由を制限することによって行われる。心身に苦痛を与えるだけではなく、長期間にわたる自由の剝奪はそうした状況に慣れることでしか生きられないようにすることでもある。

悪いことをしたわけでもないのに、おそらくは自分の意思を確かめられることもなく、自由を奪われた場所で暮らしている人々がいる。入所施設にいる約12万人の知的障害者、精神科病院で社会的入院の状態にあるとされる20万人近くの精神障害者のことである。

富国強兵の残滓《ざんし》のような隔離政策がどうして現在まで続いているのか。多様な価値観が共存する社会における幸福を考えるうえで避けて通ることができない問題がそこにある。

身体を拘束する理由

自由やプライバシーのない施設や病院のなかでさらに縛られたり、ミトン型手袋をはめさせられたり、Y字拘束帯や腰ベルトで車いすなどに固定されたり、鍵のかかった部屋のなかに長時間閉じ込められたりしている人がいる。

そうやって自由を抑制する行為を「身体拘束」と呼ぶ。

施設や病院からすれば、いじめてやろう、虐待してやろう、といった理由で障害者の自由を抑制しているわけではない。

暴れたり職員にかみついたりするのを止めるため、自分で頭を殴ったり手をかんだりする自傷行為を防ぐため、やむを得ず身体拘束をしているのだとされている。

しかし、本当にやむを得ないのだろうか。やむを得なかったとしても、身体拘束のやり方は適切だったのか、過剰ではなかったのかということはあまり顧みられない。そもそもなぜ暴れたりかみついたりするのか、ということも考えられていない。

ひょっとしたら、自由を制限されていることにストレスを感じて暴れるのかもしれない。そんなことに気づかない職員に対していらだ立っているのではないか。無理やり体を縛られたり、狭い部屋に閉じ込められたりするから、さらに不安やストレスが高じているのかもしれない。そうだとしたら、こんなに理不尽なことはない。悪いことをしたわけでもないのに施設に入れられ、施設側が作り出した原因によって不快や恐怖を感じて声を出し抵抗しているのに、一方的に自分のせいにされて、さらに自由を奪われているのである。

車いすに縛り、鍵のかかった部屋に閉じ込めておけば、事故も起こらず、職員は安心だ。特別なことはしなくていいから楽だし、福祉の専門性など身につけなくても済む。

切迫性・非代替性・一時性

障害者虐待防止法では「正当な理由なく障害者の身体を拘束すること」は身体的虐待に該当する行為(第2条7第1項)と定められた。そして、①切迫性、②非代替性、③一時性——の3要件をすべて満たさなければ身体拘束は許されないこととされた。つまり、今すぐに介入しなければ障害者や周囲の人が傷ついてしまう、拘束する以外に方法がない、だらだらと拘束し続けず必要最低限度の拘束にとどめる——という条件である。

厚生労働省のガイドラインでは、行動障害の改善に向けて取り組むなかで身体拘束を行う際にも拘束の方法や時間、どのような状況だったのか、拘束される前後の障害者の様子はどうかということも記録に残されなければならないとされている。

2018年の障害福祉サービスの報酬改定では、身体拘束をしながら記録に残さない施設は補助金を減算されるというペナルティーを科されることになった。

こうした厳格な条件と手続きを定めたうえで、限定的に身体拘束は認められているのである。それだけ拘束されることの弊害が障害者自身に深刻な影響を及ぼすからでもある。

厚生労働省の研究班の全国調査の結果によると、全国6万7000余りの事業所のうち、身体拘束による補助金の減算を受けたのは81事業所で全体の0・12%にすぎなかった。減算制度の導入による取り組みや意識等の変化については、「特に変化はない」が44・7%と最も多く、無回答(25・7%)を合わせると7割に上る。

厚労省は「補助金を減らす」というムチを用いた身体拘束の規制に乗り出したものの、現場に与える効果は限定的で、実際に補助金を減らされたところもわずかにすぎないことが浮かび上がった。

障害者福祉の現場ではそれほど身体拘束が行われておらず、減算を提示されても経営者や職員への心理的効果はそれほどないということなのだろうか。

障害者施設での身体拘束について、なぜ重要な問題として焦点を当てるべきなのかといえば、津久井やまゆり園で元職員だった植松聖死刑囚による大量殺傷事件が起きる前から、同園では慢性的に身体拘束が行われていたからである。

人間にとって耐えられない苦痛の一つが自由を奪われることであり、身体拘束は人間らしさをなくしていく恐ろしい行為だ。そこに正当な理由や適切な手続きがなかったとしたら、まさに、「人間扱いしていない」に等しいと思う。

不可解な大量殺傷事件の謎を解く鍵がそこにあると考えるのは、不自然なことではない。そして、今でも多くの障害者施設で身体拘束が行われていることを考えると、重度障害者が生きることを否定する事件は終わっておらず、私たちは教訓をくみ取れていないことになる。

やまゆり園と神奈川県

神奈川県は事件直後から、津久井やまゆり園を運営するかながわ共同会を全面的にバックアップする姿勢を示していた。とんでもない思想の元職員によって未曽有の被害をもたらされたのが津久井やまゆり園であり、そこで暮らす障害者や家族を守るのが県の使命だという姿勢を打ち出していた。

その神奈川県の黒岩祐治知事が方針転換し、やまゆり園の支援について検証することを表明したのは2019年暮れだった。

津久井やまゆり園は1964年に建設された神奈川県の施設で、2005年から指定管理者制に移行し、かながわ共同会に運営を委託している。共同会は民間の社会福祉法人だが、県庁OBが理事長や常務理事を占め、以前は多くの県庁職員が出向していた。いわば神奈川県に福祉職として採用された職員たちにとっては出向・天下り先の法人なのである。

黒岩知事は記者会見で、かながわ共同会の支援のあり方を検証し、その内容によっては指定管理の委託の見直しを示唆した。

そこに至るまでにはいくつかの伏線がある。

2018年にNHKが、津久井やまゆり園で車いすにY字拘束帯で固定されていた女性の障害者のことを特集番組で取り上げた。事件後に別の法人が運営する施設に移ったところ、拘束されることもなく生き生きとした表情で毎日通っている様子が紹介された。やまゆり園の支援の劣悪さを示唆する内容だった。

2019年10月には、かながわ共同会が県から委託管理を受けている愛名やまゆり園の園長が小学6年の女児に性的暴行をした疑いで逮捕された。

黒岩知事の方針転換に、かながわ共同会や津久井やまゆり園の保護者会からは「裏切られた」などの批判が起こり、地元マスコミや県議会でも知事への批判的な論調が渦巻いた。

その批判の多くは「唐突だ」「説明がない」というものだったが、津久井やまゆり園の支援に疑問を抱いていた人にとっては、遅すぎる方針転換と思ったに違いない。

拘置されていた植松被告(当時)には多くの福祉関係者やマスコミ関係者が接見し、手紙のやり取りが行われてきたが、植松被告の不可解な言動にどれだけ焦点を当てても、それだけで事件の真相に迫ることは難しい。動機の形成を解き明かしていくためには、やまゆり園の障害者支援の実態を検証する必要がある。

そのようなことを漠然と感じていた私の元へ「津久井やまゆり園利用者支援検証委員会」の委員就任の打診がきたのは2020年正月だった。

狭い居室に閉じ込められる

「津久井やまゆり園の障害者支援の実情だけでなく、神奈川県庁との癒着の実態についても徹底的に検証してほしい」と県庁幹部は説明した。強い政治のリーダーシップと大がかりな調査体制がなければそのような検証はできるはずがない。が、そのどちらも心もとなさそうだった。

しかし、「障害者は人間扱いされていない」という植松死刑囚がいう現場を自分の目で見ることができる。津久井やまゆり園の支援の実態を検証できる千載一遇の好機には違いない。

神奈川県庁の会議室には津久井やまゆり園から提出された資料が山のように積み上げられていた。アセスメントシート、個別支援計画書・評価表、個人記録、身体拘束にかかる資料（承諾書、実施伺い、実施報告書）、個別支援マニュアルなど、個々の利用者の支援に関する何年にもわたる記録である。県庁職員たちが不眠不休で記録を読み込み、問題のありそうな箇所に付箋を貼っていく。

検証委員会は千葉県の袖ケ浦福祉センターで起きた虐待事件をきっかけに千葉県社会福祉事業団の改革に取り組んできた弁護士の佐藤彰一氏、厚生労働省の専門官や独立行政法人国立重度知的障害者総合施設「のぞみの園」職員として長年障害者福祉に携わってきた元上智大学教授の大塚晃氏、それに私の3人だった。いずれも行動障害のある自閉症の息子をもつ父親という立場でもある。

県庁職員が洗い出した問題点を中心に検証委員会が深掘りをしていく。そうした作業を繰り返しながらやまゆり園での支援の実態に迫っていくことになった。

すぐに明らかになったのは多数の障害者に対して行われてきた身体拘束の記録だった。

車いすにY字拘束帯で固定する、居室を外側から施錠して出られなくする、ベッドを柵で囲んで降りられなくする。そのような身体拘束をされていた人は23人に上った。他の利用者を殴ったり、かみついたりする他害行為、転倒してけがをするのを防ぐという理由のほか、「見守り困難」という文字が各所に出てくる。

特に問題だったのは、終日居室を施錠されていた人が少なくとも3人いたことだ。しかも何年にもわたる。部屋のなかにはポータブルトイレ、便器代わりにされていたと思われるバケツなどの写真もあった。

事件後、保護者会の要望を受けて、神奈川県は津久井やまゆり園があった相模原市の元の場所に同規模の施設を新築する方針を打ち出していた。外部の障害者福祉関係者からは大規模な入所施設に再び処遇するのではなく、街のなかにあるグループホームのような少人数での暮らしを保障すべきだという意見も強かった。

どのような場所で暮らすことを望んでいるのかは、本人の意思を確かめなければならない。重度の障害者の福祉は家族の意向や行政の都合で決められてきた歴史を反省し、最近は「意思決定支援」と呼ばれる本人の意向確認が重視されている。意思能力支援法(Mental Capacity Act)という法律をもっているイギリスの実践をベースに厚生労働省は意思決定ガイドラインを定めた。ガイドライン作成の中心になったのは、検証委員会のメンバーである大塚晃氏である。

津久井やまゆり園の利用者に対しても施設外の専門職や県庁職員らによる意思決定支援チームがかかわりながら意向確認が行われるようになった。

身体拘束の記録を追っていくと、意思決定支援チームが関与するようになった2018年頃から長年行われていた身体拘束が解かれるようになったことがわかる。

記者クラブの感度

検証委員会が開催された日は、終了後に3人の委員が県庁記者クラブで記者会見を行い、新たに明らかになった事実について説明した。1回目こそ記者会見で明らかにした身体拘束の実態について新聞やテレビは報道したが、その後の反応はあまり芳しくはなかった。

「やまゆり園の身体拘束は他の施設に比べてどのくらいひどいと言えるのか?」という質問もあった。殴ったり蹴ったりという虐待はわかりやすいが、行動障害のある利用者をけがから守るために行う身体拘束はある程度やむを得ないのではないか、場合によっては必要なのではないか、というのであろう。やまゆり園の幹部職員らが利用者の行動障害に手を焼いていることを強調して述べていることも、記者たちの先入観に影響を与えているのかもしれなかった。

福祉現場で働いている職員の間にも行動障害について誤った認識が横行しており、過度に問題視されてきたことは否定できない。障害者支援のことをあまり知らない県庁担当の記者たちがそのように考えるのも無理はない。

検証委員会による記者会見［提供：毎日新聞社］

障害者支援の考え方は時代とともに劇的に変わってきた。かつてはやむを得ないと思われていた身体拘束は、今では否定的に見られるようになり、厳しい条件を満たさなければ許されないこと、身体拘束をしなくても行動障害の改善に成功している実践が各地にあることなどを記者会見で繰り返し説明した。

津久井やまゆり園での身体拘束の実情が少しずつ明らかになっていったが、県庁記者クラブの記者たちは関心を向けようとはしなかった。

新型コロナウイルスのパンデミック（世界的大流行）によって県庁職員たちは翻弄され、予定されていた津久井やまゆり園への実地調査や職員に対するヒアリングを行う機会を失したまま、検証委員会は２０２０年５月に中間報告をまとめた。

「24時間の居室施錠を長期間にわたり実施していた事例などが確認された。この事例から、一部の利用者を中心に、『虐待』の疑いが極めて強い行為が、長期間にわたって行われていたことが確認された」

記録に残された記述からではあるが、「虐待の疑いが極めて強い行為」という踏み込んだ表現でやまゆり園の支援の問題点を指摘した。

施設全体のガバナンスに問題があることにもふれ、さらに監督すべき神奈川県の責任については「県立の障害者支援施設の設置者としての役割意識が不十分であり、指定管理者に障害者支援施設の運営を任せきりにしてしまう傾向があることが確認された」と指摘した。

この検証委員会の中間報告についてもほとんどの新聞・テレビが報道しなかった。報道に値する内容ではないと判断したのだろうか。津久井やまゆり園を擁護する一部議員や保護者会の意向におもんぱかったのだろうか。

私自身も何度か経験したことだが、記者クラブ詰めの記者には「目の前の権力」を批判的な目で見てチェックするのが自分たちの仕事という使命感が単純化され強まっているのを感じる。民放テレビのキャスター出身の黒岩知事のパフォーマンスは地元の記者の間ではあまり評判がよくない。目の前の権力(知事)に批判的な勢力に肩入れする傾向もあって、知事の肝いりで設置された検証委員会に懐疑的な視線が注がれていたのかもしれない。

身体拘束はなぜ問題か

大手新聞社の一つは中間報告については記事にせず、逆に津久井やまゆり園の対応を称賛する福祉関係者のインタビュー記事を大きく掲載した。検証委員会が指摘した身体拘束など問題ないと言わんばかりの意図を感じた人は多かったに違いない。

別のネットメディアの記事では「中間報告の記載は間違い」として、やまゆり園幹部の言い分を紹介し「津久井やまゆり園では惨事の記憶を乗り越えるために、職員が一丸となって、利用者の笑顔を増やす日常をつくり出している」と書かれていた。

この記事を書いた記者には私自身も取材を受けた。身体拘束がいかに問題なのかを1時間以上にわたって話したことが記事には紹介されているが、結論は正反対のものだった。この記者に中間報告を誤りと決めつけた根拠を尋ねると、「職員がウソを言っているように思えなかった」という言葉だけが返ってきた。

本当にやまゆり園での身体拘束を指摘した検証委員会の中間報告は間違いで、やまゆり園は利用者の笑顔を職員一丸となってつくり出しているのだろうか。その真偽については、検証委員の後継組織である「利用者目線の検討部会」が半年後に行った実地調査とヒアリングで明らかになるのだが、その前に「身体拘束がどうしていけないのか」についてもう一度考えたい。

どれだけ身体拘束が行われていたかを確認して問題化しても、「暴れる障害者を抑えるのは仕方がない」「職員だって傷つけられているじゃないか」という隠れた本音に吸い込まれてうやむやにされたのでは意味がない。

暴れるから抑える

子どもの頃、床屋さんが苦手だった人は多いだろう。私も耳の周囲や襟足のあたりにバリカンやハサミが当てられると、ギュッと首をすくめては床屋さんを困らせた。

だから、知的障害や自閉症で散髪が苦手な人が多いのはよくわかる。私の長男も幼い頃から散髪には苦労した。

はじめから拒否する床屋さんはいなかった。しかし、大きな声を出して嫌がる長男に手を焼き、ため息を漏らされたりすると、なんだか責められているような気がして、心がすくんでしまう。小学校低学年の頃はまだ何とかなったが、体が大きくなり力が強くなっていくにしたがって、ますます床屋さんをてこずらせるようになった。

嫌がって顔を振り、体をよじる。ハサミが目にでも入ったら大変だ。私は必死になって長男が動かないように頭を押さえる。こちらは守っているつもりなのだが、長男からすればハサミやバリカンが怖くて暴れているのに、逃げられないように力で押さえつけられるから、余計に怖くなる。そして、もっと強い力で暴れる。私はさらに強い力で押さえざるを得なくなる。長男はさらに恐怖が募り、もっと強い力で暴れる。私はもっともっと強い力で押さえる。

気がついたときには、叫んで暴れる長男を力任せに押さえつけている私がいた。騒ぎを聞いて奥から飛び出してきた床屋さんの奥さんも加わり、大人二人で長男を押さえたこともあった。ある夏の午後。大声で暴れる長男を押さえていた私は頭のなかが真っ白になった。その瞬間。バーン！　という衝撃とともに床屋さんはハサミを持ったまま吹き飛ばされた。長男は立ち上がって声を出してジャンプしている。ふと見ると、大きな重い椅子が横倒しになっていた。

床屋さんのハサミやバリカンが怖い長男に対して、力で押さえるという「身体拘束」を繰り返した結果、私は長男の行動障害を誘発し強化してしまったのである。

行動障害は以前から、障害者福祉の現場で容易に解決策が見つからない困難な課題として扱われてきた。自分の頭をこぶしで殴ったり、指をかみ続けたりする「自傷行為」、家族や職員らを叩いたり、かみついたりする「他害行為」、暴れたり奇声を発したりする「パニック」、布や紙などを食べてしまう「異食」。そんな行動障害を起こす障害者は入所施設か精神科病院の閉鎖病棟で処遇するしかないと思われていた。そこで身体拘束をされるのも、命を守るためには仕方がないと思われていた。

私だって暴れる長男を力ずくで押さえることなどしたくはなかった。しかし、そうしないとハサミで顔や目を傷つけかねないから、仕方なく押さえていたのだ。ほかに方法があれば、そんなことはしたくなかった。

しかし、正直に言うとそれはウソだ。他に方法がないのではなく、他の方法を探していなかったのだ。私が忙しくてそんな時間がなかったからである。面倒くさかったからである。誰かに頭を下げて相談することが嫌だったからである。すべて私の勝手な都合や言い訳だった。力で押さえれば、なんとかその場をしのげたからそうしていたのである。

「その場しのぎ」「力ずく」が行動障害を引き起こす大きな要因になっている。その場はしのげても、本質的な解決にならない。それだけでなく、行動障害をエスカレートさせているのだ。

ある床屋さん

行動障害の多くは障害者本人の問題ではなく、環境や支援のあり方のほうに問題がある。障害者がものを言わないから許されているだけで、ものを言わない障害者のほうに責任が押しつけられているのである。

私の場合、「その場しのぎ」「力ずく」のやり方が破綻したのをきっかけに、福祉施設の経営者に相談したところ、ある床屋さんを紹介された。

商店街の外れにある小さな床屋さんだった。大きな目で言葉の荒い昔かたぎのおやじさんが一人でやっていた。警戒している長男をなだめてなんとか鏡の前の椅子に座らせたのだが、ハサミが耳の周囲に近づくとやはり嫌がって逃げようとする。

「あぶねえじゃねえか」

おやじさんの声に促されるように私が長男の頭を押さえようとすると、おやじさんはハサミを持つ手を下ろした。

「ここは俺がやるから、あんたはそっちで座っていればいいよ」

そう言われて私は待合のソファに座った。もう何でも言うことを聞くしかない。首を伸ばして、長男の姿が映る鏡を見守った。

「だから、動くなって言ってるだろ」「おっと、あぶねえ」「わかった、もうハサミは使わねえよ」……。小さな声で長男に話しかけながら、おやじさんはハサミを隠したり、そっと出して髪を切ったりしている。

そのうち声も物音もしなくなった。どうなっているのだろうと鏡を見ると、おやじさんは放念したようにボーッと鏡の前で立っている。つられたように長男もボーッとしている。

「なんだか今日は忙しそうだな。また後で来るわ」

いつもとは違う空気を察したのか、なじみ客が出ていった。私はなんだか、いたたまれなくなったが、ここはおやじさんに任せるしかない。

そのうち、シャカシャカ……というハサミの音がして、それを嫌がる長男の声が聞こえた。そして、また沈黙。それが何度も繰り返される。1時間はとうに過ぎた頃だった。

「おー、できたじゃねえか。終わったよ」

笑いながらおやじさんが長男を褒めている。きれいに刈り上げられた髪をなでられ、長男もホッとした顔をしている。

無理やりに力で押さえられるから怖くなって暴れる。時間をかけてリラックスするのを待ち、少し切っては、また待つ。それを何度も繰り返しながら、なんとか全体の散髪ができたのだった。

長男の横顔を見ていたら、なんだか切なくなってきた。一番苦しんでいたのは長男だったのだ。自分が暴れるために床屋さんをどれだけ困らせているのか、父親をどんなに恥ずかしくさせているのか。そんなことはよくわかっていて、それでもハサミやバリカンの感覚が我慢できなくて暴れてしまう。力で押さえられるとますます混乱し、恐怖で声を上げてしまう。それをこの床屋のおやじさんは救い出してくれた。そんなことを思っているような穏やかな横顔だった。

救世主となったおやじさんは、中学を卒業してすぐに床屋の丁稚奉公に入ったという。福祉や心理学の勉強はおろか、本などこれっぽっちも読みそうにない。どうしてこんな名人芸のような技を身につけたのか不思議だった。しかし、考えてみれば、いつどんな客がやって来るかわからず、素性のわからない客に対しても顔に刃物を当てるのが床屋さんの仕事である。毎日体を張り、神経を研ぎ澄ませて仕事をしてきた。そうして積み重ねた経験知が自閉症の長男に対しても通用したということだろうか。

それから定期的にその床屋さんに通うようになった。長男がハサミを嫌がって暴れることは見る見るうちに減っていった。そのうち、ハサミが耳の辺りの髪を切るときには自分の指で耳たぶを折り、ハサミの感覚を遮断するようになった。

うまくいったときには、「ご褒美だよ」と言ってチョコレートをくれた。長男はうれしそうな顔で食べている。〈ちょっと我慢すればこんなご褒美が待っているのか〉。そんな声が聞こえてきそうだった。

顔にシェービングクリームを塗りつけ、カミソリでひげをそられても平気になった。洗髪するときも耳の周囲に触れられるのを嫌がったのに、今では普通にできるようになった。

教育や福祉の「専門性」とはいったい何なのだろう。大学や専門学校で教えられた知識は、現実に行動障害を起こす障害者に対してどれだけ通用するのだろうか、と複雑な気持ちになった。

何が「やっかいな障害者」にしているのか

ざわざわした環境が苦手という障害者がいる。聴覚が過敏で小さな音でも苦痛を感じるという。水道水の塩素濃度に過敏に反応する人もいる。逆に、痛みに対する感覚が鈍く、自分の頭を叩いたり、壁にぶつけたり、自分の指をかんで皮が破れ、血が出ても痛みを感じないという障害者もいる。

自閉症という発達障害の人に多く、そうした「感覚過敏」が自傷や他害などの行動障害を引き起こしたり、逆に自傷行為をしながら痛みを感じないために大けがをしたりすることがある。どうして彼らはそのようなことをするのかがわからず、学校や福祉施設では「手のかかるやっかいな障害者」と見られてきた。そうした障害者の行動障害は、もしかしたら学校や福祉施設の環境や指導方法に何らかの問題があって起きているのではないか。というようなことはあまり顧みられることがなかった。

ある自閉症の女児が下足場で多くの子どもたちがうるさくしていたために、混乱して奇声を発し、隣にいた子にかみついてしまったとしよう。そんなとき、その場にいる職員はどのような対応をするだろうか。

「かみつく」という危険な行為に対して、すぐにそれをやめさせ、かみつかれた子を保護するだろう。「どうしてそんな乱暴なことするの！」「○○ちゃんは痛いと泣いているじゃないの」。かみついた女児をきつく叱りつけたりはしないだろうか。

だが、叱られたくらいで反省する子であれば、はじめからかみついたりはしない。感情的に叱ってその子にストレスを与え、いたずらに自己否定感を植えつけるのではなく、福祉の専門職員であればもっと科学的に考えるべきだと思う。

ざわざわした環境が苦手なくらいで普通はかみついたりはしない。どうしてその女児がかみついたのかといえば、「感覚過敏」という特性があるからだ。そして、職員や周囲の大人にそのことを伝えられないコミュニケーションの困難性もある。もう少し我慢すれば、ざわざわするストレスの多い場面がなくなるという見通しがつかない、つまり想像力の困難性があるだろう。こうした先天的な障害特性がかみつく行為を生んでいるのである。

しかし、それだけではない。いくら感覚過敏があっても、それを刺激する環境がなければかみつく行為は生まれない。そして、その場に適切に対処できる職員がいればかみつく行為は未然に防ぐことができるかもしれない。

では、「ざわざわ騒がしい環境」や「適切に対処できる職員がいない」のは、その女児のせいだろうか。

そうではない。施設や職員の側の問題である。それなのに、どうしてかみつく行為を女児のせいにばかりするのだろうか。

感覚過敏、コミュニケーションの障害、想像力の困難性というのは先天的な特性であり、容易に改善することはできない。感覚過敏を治せる薬などいまだに開発されてはいない。

その一方、「ざわざわ騒がしい環境」は施設側の工夫でいくらでも改善できる。この女児をそうした環境から遠ざけることはすぐにできる。また、職員が行動障害などに関する研修を受ければ、いくらでも専門知識や対処方法を身につけることができるはずだ。

つまり、施設や職員は改善できることが自分たちの目の前にありながら、そこには目を向けず、容易には改善できない先天的な特性にばかり目を向け、手を突っ込んではいないだろうか。そして、障害児をますます混乱させ行動障害をエスカレートさせておきながら、「障害者の支援は大変だ」と嘆いたり愚痴をこぼしたりしているのではないか。

そんなことが許されているのは、障害者が何も言わないからだ。行動障害を誰が引き起こしているのか、何がエスカレートさせているのかが、にわかにはわからないからだ。

生まれてすぐ行動障害のある人はいない

こうした自傷行為や他害行為、奇声を発してパニックになるといった行動障害を起こす障害者の親たちから聞き取り調査をした研究がある。その子が生まれてからの状況を思い出してもらい、いつ頃からどんなきっかけで行動障害を起こすようになったのかを記録したのだ。

生まれてすぐに自傷行為や他害行為をする赤ちゃんは、さすがにいない。中学から高校にかけて行動障害の頻度が増していくことが調査結果からわかった。原因については、必ずしもはっきりはしない。第二次性徴が始まる思春期の頃は、障害がない子でも不安定になるものだ。しかし、学校という集団主義や規則を重視する環境が何らかの影響を与えているとは考えられないだろうか。

学校内での先生による虐待や不適切な指導も関係している可能性がある。障害者虐待防止法では、市町村の虐待防止センターが直接調査に入れるのは家庭、福祉現場、働く職場の三つとされている。そのため、学校内の虐待通報に関する統計はないが、親の会の会員アンケートで最も件数が多かったのが学校内虐待だった。虐待とまでいわなくても、先生による威嚇的な態度や乱暴な言葉遣い、障害特性に配慮のない対応によってストレスをためる障害児はとても多いと思う。それが行動障害に何らかの影響を与えていると考えても不思議ではない。

その聞き取り調査では、学校を卒業してよい福祉施設や福祉サービスにつながると行動障害が改善されるという傾向も見られた。それは何を意味するのであろうか。ストレスに弱く、行動障害を起こしやすい要因をもっている障害者はいるとしても、行動障害の原因は障害者自身ではなく、外部の環境や人間関係によってつくられる。そして、環境や人間関係に配慮することによって行動障害は改善できる。そうしたことを示しているのではないか。

行動障害のある人は福祉現場から敬遠されがちだ。職員やほかの利用者がけがをしたり、ものを壊されたり、夜中に大きな声で暴れられたりしたら、施設の運営自体に支障をきたすことになりかねない。やむを得ず身体拘束をする。それが虐待につながり、職員の疲弊や自信喪失を招くことにもなる。

少人数が住宅街の民家のような場所で暮らすグループホームの場合、一人の世話人が夜の支援を任される。そこに行動障害の人がいるとどんな状況になるのか、想像しただけで落ち着かなくなる。だから、行動障害を起こす人はまずグループホームでは受け入れられない。入居している人が行動障害を起こすようになると追い出されることもある。だから、やむを得ず閉鎖的な入所施設や精神科病院に送られることになる。

ところが、北海道にある社会福祉法人を訪ねたときのことである。そこは強度行動障害の人もグループホームで受け入れているという評判の法人だった。いくつもホームをもっており、全入居者数は151人だった。そのうち強度行動障害とされる障害支援区分が最も重い「6」と判定されている人は102人もいた。

管理者や職員から話を聞くと、個々の障害者に対してアセスメント(意向調査)を入念に行い、障害特性やその人の得意なものをつかみ取り、試行錯誤しながら暮らしやすい環境の整備に努めているということがよくわかった。

グループホームの部屋も見せてもらった。押し入れを改造して青色や紫色の光と柔らかい手触りの布を置いた小さな空間にしている部屋があった。時々混乱してパニックになっていた自閉症の人が住人である。彼は混乱しそうになると自分でこの空間に入っていき、戸を閉め切ってしばらく過ごすと、すっかり落ち着きを取り戻すという。北欧が発祥の「スヌーズレン」というリラクセーションを模したものを生活に取り入れることによって行動障害の改善に成功しているのである。

部屋のなかに小さなボールを敷き詰めた箱(ボールプール)を置いたり、青色の蛍光灯を枕元に設置したり、障害者それぞれが落ち着く居住環境をつくり出している。コミュニケーションも絵カードを用いたり、絵や写真ではわからない人には現物の歯ブラシをカードに貼りつけたものを使ったりして、コミュニケーションを図っていた。

やはり、行動障害は障害者本人のなかに原因があるのではなく、環境と人間関係やコミュニケーションによって引き起こされたり改善されたりするものなのだ。

昼間はとても落ち着いて過ごしているのに、夜になると時々暴れる自閉症の男性がいたそうだ。「わけのわからないことで大暴れするやっかいな障害者」。そんなふうに福祉現場では決めつけられるものだが、その法人は違った。ある職員が彼の日常の行動を観察しているうち、ある仮説が浮かび上がったという。夜になると暴れるのは月の光が影響しているのではないか。さらに観察を続け、記録を取っていると、彼は新月から数日間はとても落ち着いているが、満月が近づくと落ち着かなくなる傾向が見えてきた。そこで遮光カーテンを取りつけ、家具の配置を変えて、月の光を遮断するようにしたところ、行動障害が消えていったという。

「わけのわからないことで大暴れするやっかいな人」ではなく、「月の光（満月の引力）に傷つけられている人」という見方に変わったとき、本当の意味での支援が生まれる。科学的な専門性を身につけた職員によって、障害者観が変わるのである。

静かすぎる施設

横浜市にある旧障害児施設を借りて利用者を受け入れているやまゆり園を訪れたのは

2020年12月だった。神奈川県の「利用者目線の検討部会」による現地調査である。昼前の穏やかな冬の日差しを受けて利用者が職員に連れられて敷地内を散歩していた。

老朽化した建物内を案内されると、障害者たちが軽作業をしたり音楽の流れる部屋でくつろいだりしていた。高齢で障害の重い利用者が多いのがやまゆり園の特徴だ。行動障害のある人も少なくないことが、多数の身体拘束をせざるを得ない理由とされていた。

短時間の視察でわかることには限界がある。瞬間的にしか見ることのできない断片的な光景に何か意味付けをすることは慎重でなければならないと思う。そうした限界のある視察であったことを前提に印象を述べることを許されるのであれば、想像していた以上に「静か」だったということだ。行動障害を伴う重度の障害者がいる施設は何度も訪れたことがある。声や動作のけたたましさ、緊張感が漂う独特な空気がどこにもある。しかし、津久井やまゆり園にはそれがなかった。

日中活動をしているという部屋には多くの障害者がソファに並んで座っていた。ほとんど動かず、目をつぶり、前かがみになっている人が何人もいる。起きているのか眠っているのかわからない。高齢であることを考慮しても、静けさ、生気のなさが気になった。

午後からは職員や法人幹部のヒアリングを行った。長時間の居室施錠やY字拘束帯装着をされていた利用者の担当だった職員らが事情聴取の対象に選ばれたが、殺傷事件の後、施設が横浜市内に移ってから異動してきた職員がほとんどだった。相模原市にあった頃のやまゆり園のことを知りたかったが、かなわなかった。それでも最近まで身体拘束が横行していた実情の一端を知ることはできた。

虐待を認める

行動障害のある利用者や重複障害のある人などが多く、自傷他害や転倒などによるけがの防止のために職員は苦労しているという。ただ、そのような民間施設は決して少なくない。どこも利用者の行動特性に配慮し環境調整や支援の工夫を重ねて、行動障害の改善や事故の防止に努めている。

津久井やまゆり園の場合、職員たちはそれなりに善意で現状を何とか改善しようとしているようにも思える。ただ、トラブルや事故の回避を求める精神科の医師や利用者の家族の言うままに、唯々諾々《いいだくだく》と長期間にわたって居室施錠などの身体拘束をしていたことは否定できない。

精神科の医師は疾病を診る専門家ではあるが、その人の日々の生活をサポートするのは福祉施設の職員である。障害者のケアを委ねられている福祉専門職としての責任感や自負というものが希薄な印象を受けた。現場職員は身体拘束を何とかやめたいと思っても、それをバックアップしようという指導者の姿勢は見えない。何もトラブルがないように努めながらローテーション勤務を回しているような印象なのである。

個別支援計画には、ドライブやハンバーガーショップへ行くことが好きなので、そうした楽しみを増やしたいというようなことが書かれてはいるが、人手不足などを理由にほとんど行われていない。利用者本位の支援を考えて、生活の改善を図ろうという意欲が感じられないのである。

結果的には相模原から横浜に移って、意思決定支援のチームが入るなど外部と交流があり、ほとんどの身体拘束は改善された。では、利用者はどうなったのかというと行動障害がなくなったわけではなく、職員は相変わらず苦労しているが、何とか施設内で平穏に過ごしている。身体拘束をするように求めていたという精神科医や家族からは苦情が出ているわけでもない。

そうであるならば、なぜもっと早く身体拘束をやめなかったのか。そもそも身体拘束をする必要があったのか。当然、そうした疑問がわいてくるが、やまゆり園の幹部や職員からは自らのやり方について顧みるような言葉は聞かれない。

やまゆり園の園長や園の支援部長は検証委員会の中間報告に対して、「書類上の記載に不備があっただけだ」とマスコミの取材にコメントしていた。しかし、現地調査での職員のヒアリングからほぼ24時間365日に近い居室施錠が複数の利用者に対して行われていたことが裏づけられた。それは身体拘束が認められる場合の3原則のうち「一時性」に違反していることを意味する。身体拘束を解いた後も特別に問題なく過ごせているという現状から見れば、それ以前の長年にわたる身体拘束は「非代替性」の検討もされないまま漫然と続けられていたということに他ならないだろう。

事実関係を一つひとつ確認して詰めていくと、園長も支援部長も長期間にわたるやまゆり園の身体拘束は3原則に違反しており、虐待防止法で定めた虐待に当たるということを認めた。

津久井やまゆり園の身体拘束の検証について述べてきたが、もちろんやまゆり園だけの問題ではない。神奈川県がチェックできなかったことについても問題だと指摘したが、他の自治体がしっかり福祉現場の身体拘束の改善に取り組んでいるのだろうか。

障害者虐待防止法では必要のない身体拘束が虐待とされ、行動障害のある人を支援する際に身体拘束をする場合には厳しい条件が課せられたが、多くの現場では記録に残すだけで、行動障害の改善には必ずしも向けられているようには思えない。

力で抑えることでしのいできた歴史が障害者支援の現場にはあり、今もまだそうした習慣や常識がベテラン職員を中心に色濃く残っているのを感じる。「ほかに方法がないのだから仕方がないじゃないか」という本音である。

福祉現場に残る二重基準をなくしていかなければならない。

化学的拘束の罠

日本障害者虐待防止学会のオンライン学術集会（2020年12月）では、津久井やまゆり園と身体拘束をテーマにした鼎談が行われた。

愛知県医療療育総合センター中央病院子どものこころ科（児童精神科）の吉川徹医師、社会福祉法人「京都ライフサポート協会」の樋口幸雄理事長と私の3人で、医療と福祉の現場から身体拘束の実態と改善策などを話し合った。

吉川医師は身体拘束を①化学的拘束、②物理的拘束（身体拘束、隔離）、③心理的拘束――に分類したうえで、主に向精神薬による化学的拘束について問題提起をした。患者（障害者）の攻撃的行動に対して精神科医療では向精神薬の投与が行われているが、その効果の範囲はかなり「狭い」ものであること、常用量の範囲を超えた投与により「過剰な鎮静」「睡眠」などの身体拘束が行われていることを指摘した。

身体拘束によって障害者のさまざまな権利が奪われるが、拘束の種類によって権利侵害の度合いは異なる。吉川医師は奪われる権利として「異議申し立て」「能動的活動」「受動的活動」

「移動」——を挙げた。化学的拘束はそのどれに対しても権利侵害の度合いが強いという。

鼎談の司会をしていた私には、津久井やまゆり園の視察で感じた「静けさ」が想起された。寝ているのか起きているのかわからず、何をするともなくそこに座っていた障害者の姿が思い出される。

日本では「化学的拘束」という概念は医療や福祉の現場で確立しているわけではなく、向精神薬の投与の判断や投与量については医師の裁量に委ねられているのが実情だ。そして、障害者虐待防止法の網がかけられているのは福祉の現場、雇用の現場、家庭の三つであり、医療現場は間接的な虐待防止に関する規定しか設けられていない。精神科病院内での虐待について通報義務が課せられるのは２０２２年の精神保健福祉法の改正まで待たなければならなかった。

薬による影響を「化学的身体拘束」とし虐待防止法の網をかけることにはさまざまなハードルがあって容易にできることではないが、そこには光を当てなければならない深い闇がある。精神科病院の中で「治療」という名によって人間としてさまざまな権利を奪う化学的拘束が行われていることは以前から問題視されてきたが、医療という専門性のよろいや精神科医療の関係団体に政治力によって、外部から人権擁護のメスを入れられるのを防いできた。

それだけではない。福祉現場で利用者に行動障害があると、安易に精神科につなげて向精神薬の投与や隔離などの身体拘束のお墨付きを得ているのである。

イギリスでは意思能力支援法（Mental Capacity Act）によって、病院やケアホーム内での自由の剥奪（Deprivation of Liberty）の厳密な運用が定められている。意思決定を自らすることやコミュニケーションの難しい障害者に対して身体拘束などによる自由の剥奪をする場合には、その人の最善の利益にかなうものでなければならず、病院やケアホームは地方自治体の了承を得なければならないことが定められている。

さまざまな拘束のなかで最初に挙げられているのが薬物投与によって身体の自由を抑制することだ。それだけ「化学的拘束」による自由の剥奪が障害者に与える影響の深刻さを重視してのことだろう。

イギリスでの厳密な運用に比べると、日本では福祉現場の都合と医師の裁量によってあまりにも容易に障害者の自由が剥奪されている。

雑居部屋が今も多い入所施設

何度も繰り返すが、生まれたときから行動障害のある人はいない。感覚過敏などの生理的要因が存在する場合もあるが、そうした特性に合わない環境やコミュニケーション不全、不適切な支援などによって自傷他害、パニックなどを起こすケースは多い。福祉の側に問題があって行動障害を起こさせておきながら、それには目を向けようとせず、薬の投与によって化学的拘束を行い、医師のお墨付きを得て居室施錠などの物理的拘束を行っている。そのほうが職員にとっては楽だからである。福祉の怠慢であり専門性を自己否定しているとしか思えない。

知的障害者福祉施設の業界内で早くから身体拘束をなくす取り組みをしてきたのが社会福祉法人「京都ライフサポート協会」の樋口幸雄理事長である。

樋口さんは２０１８年に日本知的障害者福祉協会が行った入所施設の居室状況調査の結果を発表した。個室で暮らしている障害者は全体の36％程度しかなく、二人部屋が46％を占め、３人以上の雑居部屋も含めると６割以上がプライバシーのない生活をしている。

高校生や大学生の部活の合宿や寄宿舎ではない。成人になった人の暮らしの場として、二人以上の雑居をこれだけ多くの人が日常的にさせられているのである。終戦直後の貧しい時代ならいざ知らず、高度成長もバブルも経験して成熟した生活水準を多くの人が得たはずの日本で、いまだに多くの障害者がこのような入所施設で暮らしている。誰も何も言わなければたぶん死ぬまでずっと自分だけの時間も場所もないままでいるのだ。

津久井やまゆり園事件から月日は流れた。しかし「重度障害者には生きる価値がない」という不条理な動機がどこから生まれたのか、私たちはまだ全貌を描けていないように思う。

あまり世間の目が入らない障害者の入所施設には精神科医療の暗い影が落とされている。差別と孤立にさいなまれてきた家族の屈折した心情が染みついている。

人間として障害者の尊厳を守ることができるのは福祉である。生きにくさに寄り添い、壊れてしまいそうな存在を抱きしめ、障害のある人の命の輝きを社会に向けて掲げることができるのが福祉という仕事だと思う。現場で働く職員たちには専門職としてのプライドを自覚してほしい。

人間にとって自由とは何か。この時代に生きるすべての人が自らに問うてほしい。知らないところで自由を奪われて生きている人のことを想像してほしい。

3 ＡＬＳ嘱託殺人

津久井やまゆり園事件の後も障害者や難病患者の命が奪われる事件は起きている。２０１９年に京都で起きたＡＬＳ（筋萎縮側索硬化症）という難病患者の嘱託殺人もその一つだ。

格差社会や家族の結びつきが解けていくなかで、漠然とした人々の不安と公的福祉の充実とが交差する不穏な汽水域は広がっている。少子高齢化という人口バランスの不安定、財源と働き手不足が将来に対する不安を助長しているようにも見える。やまゆり園事件とＡＬＳ嘱託殺人は、目に見えないところで広がっている優生思想の土壌から生まれたものともいえる。

二人の医師が加害者となった嘱託殺人は、医療技術の進歩と介護体制の充実で人工的に生命を永らえることができるようになった時代の最前線で起きただけに、やまゆり事件とは違う衝撃をもたらした。「天命」というものを人間の意思とテクノロジーで操作できるようになった時代、私たちの前に投げ出されている重い命題について考えなければならない。

ネットで嘱託殺人を請け負う

京都府警などによると、嘱託殺人容疑に問われた二人の医師は、2019年11月30日夕方、京都市中京区に住んでいるALS患者の女性(当時51歳)宅を訪れ、薬物を投与して殺害したとされる。

SNSを介して女性から「安楽死したい」という趣旨の依頼を受け、嘱託殺人を計画したという。医師の口座には女性から130万円が振り込まれていた。

この女性は9年前にALSを発症し、事件当時は寝たきりの状態だった。ヘルパーが24時間介護をしていたが、二人の医師は知人を装って女性宅を訪れ、ヘルパーが席を外して別室にいた間に薬物を投与して立ち去ったという。

医師が患者の治療を中止したり薬物を注入したりして死に至らしめた事件は過去にもある。1991年には東海大学病院で入院していた末期がんの患者に塩化カリウムを投与して死なせたとして、担当の内科医であった大学助手が殺人罪に問われた。刑事裁判で医師による安楽死の正当性が問われた唯一の事件だ。

昏睡状態の患者を前にして家族から「楽にしてやってほしい」と何度も頼まれ、若い医師が心理的に追い込まれていく状況が裁判で明らかになった。被告の医師には有罪判決が下され、裁判官は医師による積極的安楽死として許容される4要件を示した。

1◆患者が耐えがたい激しい肉体的苦痛に苦しんでいること
2◆患者は死が避けられず、その死期が迫っていること
3◆患者の肉体的苦痛を除去・緩和するために方法を尽くしほかに代替手段がないこと
4◆生命の短縮を承諾する患者の明示の意思表示があること

終末期医療の現場に立つ医師の苦悩や切迫感、患者の尊厳や家族の精神的苦痛が裁判を通して議論され、こうした判決が導き出された。「被告には誤った一歩だったが、末期医療の歩みの一歩になるように願う」。裁判官が語りかけると、うなだれた助手は「はい」と答えたという。苦しんだのは殺人に問われた医師だけではない。患者の家族や看護師ら医療関係者、裁判官にとっても悩み抜いた末の判決だったことがうかがわれる。

見え隠れする「ゲーム感覚」

京都のＡＬＳの女性は精神的苦痛を訴えてはいるものの、「激しい肉体的苦痛」や「死が避けられず、死期が迫っていること」は当たらない。肉体的苦痛を除去・緩和する方法も尽くしてはおらず、代替手段について考慮した様子もない。何よりも、嘱託殺人に問われた医師には苦悩や切迫感のようなものが感じられない。

逮捕された医師の一人は、宮城県名取市で呼吸器内科や心療内科のクリニックを経営していた。自ら開設したと思われるブログに「高齢者を『枯らす』技術」とタイトルをつけ、安楽死を積極的に肯定する死生観をうかがわせる投稿を繰り返していた。

クリニックでは緩和ケアに力を入れ、ホスピスの運営も手がけていた。昨年5月にはＡＬＳ患者の主治医を経験した結果として「彼らが『生き地獄』というのも少しはわかる」「神経難病なので『日々生きていることすら苦痛だ』という方には、一服盛るなり、注射一発してあげて、楽になってもらったらいいと思っています」と書いている。

「バレると医師免許がなくなる」「リスクを背負うのにボランティアではやっていられない」「個別に回答すると、自殺ほう助罪に問われる恐れがある」と、捜査当局の動きを警戒しつつも「日本でもできる『安楽死』について、医者として質問に答えます」などの記述が確認されている。

女性を殺害したとみられる2022年11月には「安楽死して遺族が年金もらう、とかこれから流行るかもな」「安楽死外来(仮)やりたいなあ」と書かれていた。

逮捕されたもう一人の医師は東京都内でED(勃起不全)治療のクリニックを経営している。二人の医師はブログと同様のタイトル『扱いに困った高齢者を「枯らす」技術:誰も教えなかった、病院での枯らし方』という共著を電子書籍で出版している。紹介文にはこう記されていた。

「認知症で家族を長年泣かせてきた老人、ギャンブルで借金を重ねて妻や子供を不幸に陥れた老人。今すぐ死んでほしいといわれる老人を、証拠を残さず、共犯者もいらず、スコップや大がかりな設備もなしに消せる方法がある。医療に紛れて人を死なせることだ。違和感のない病死を演出できれば警察の出る幕はないし、臨場した検視官ですら犯罪かどうかを見抜けないこともある。茶毘《だび》に付されれば完全犯罪だ」

医学の専門知識や医師という特権的な立場を悪用して、ゲームを楽しんでいるかのようにも思える。認知症の高齢者や難病患者を「家族を長年泣かせてきた」「妻や子どもを不幸にした」と決めつけ、倒錯した正義を主張するあたりは、前述の障害者施設で19人を殺害した植松聖死刑囚を彷彿させる。報酬を得て殺しているという点では乾いた殺意を感じさせる。

透析中止の意思はあったのか

認知症や難病の患者を生きるに値しないと見るゆがんだ価値観は逮捕された二人の医師だけのものであり、一般の医師の倫理とは相容れないだろう。そう信じたい。

しかし、東京都福生市の公立福生病院で腎臓病の女性に対する人工透析の治療が中止され、女性が1週間後に亡くなった問題の報道を見ると、「治らない」患者を死へ導こうとする意思は、医療現場では意外に受け入れられているのではないかと思えてくる。

人工透析の治療を中止して死亡した女性（当時44歳）は、5年ほど自宅近くの診療所で透析を受けていた。透析治療のために腕につくった血管の分路（シャント）がつぶれたため、福生病院を訪れた。

対応した医師は女性に対して、①首周辺に管（カテーテル）を入れて透析を続ける、②透析治療を中止する、という選択肢を示し、治療をしないと死につながるとの説明をしたという。女性は治療を中止することを選び、医師が出した意思確認書に署名をした。

腎臓には血液中の老廃物をろ過して尿をつくり出す機能があり、人間の体の「排水処理場」

ともいわれる。腎臓の動きが悪くなると老廃物が体にたまり、部分的なむくみや高血圧を起こす。末期になると尿毒症となってけいれんなどが起きるようになる。腎臓の代わりに医療機器を使って人工的に血液から老廃物を取り除くのが人工透析という治療だ。

人工透析をやめてから女性の体の状況は悪化し、「こんなに苦しいなら透析を再開したい」と夫や医師に漏らすようになった。苦しむ女性に対して医師は「苦しいのが取れればいいの?」と聞き、「苦しいのが取れればいい」という女性に鎮痛剤を注入した。透析治療は行わなかったという。

新聞報道がきっかけになって東京都は同病院を検査した。この女性を含めて透析治療をせずに死亡した患者は計24人に上り、このうち21人の同意書(意思確認書)がなかったことが判明した。

東京都は患者の意思確認が不十分だったとして、医療法に基づき院長を文書で指導し、改善に向けた報告書の提出を求めた。

女性は過去に自殺願望のある抑うつ性神経症と診断されていた。治療中止を求めた女性の意思が正常な判断の下で形成されたものだったのかどうかは重要な点だ。

病院側は病歴を見落とし、同意書は撤回できることを女性に説明しておらず、腹膜透析など代替治療の提示もしなかった。死の前日には治療中止の撤回を女性が何度も訴えたことがカルテに残されていた。外科医や腎臓内科医、看護師らが訴えを聞いたが、医療チームとして再確認する作業は行わなかった。倫理委員会も開かれなかった。この女性以外のケースでも、治療を希望して来院した別の患者に透析のつらさを強調し、翻意させた例があったという。

慢性期医療時代の倫理

もともと医療は病気を治すことが役目だが、腎臓病のような慢性疾患は完治することが難しい。慢性疾患が主流になった現在は、完治を目指すより、持病を抱えながら生活の質を維持することが重視されている。厚生労働省は終末期医療のガイドラインで、医師だけでなく介護職員などが患者の治療方針に関与することを求めている。医師の価値観が治療方針を偏った方向へ誘導してしまうことを危惧してのことだ。

福生病院の医師は「腎不全に根治(完治)はない。根治ではない『生』に患者が苦痛を覚える例はある。透析をやらない権利を患者に認めるべきだ」と新聞の取材に答えている。

腎臓病の患者は増えており、人工透析を受けているのは現在約33万人、費用は総額で1・6兆円に上る。終末期になっても患者の意向を確かめようとしないまま、透析治療を続ける医療機関もある。

医療技術の進歩や高齢化に伴って、国全体の医療費は年々増えている。医療費削減の圧力を感じながら働いている医療従事者は多いはずだ。「治らない」患者や終末期の患者に対して治療を続け、その結果として病院は多額の収益を上げ、ますます国民の医療費負担は膨張する。そんな現実に医師が疑問を抱いたとしても不思議ではない。

高齢者を中心とした慢性期医療に対して、現在の医師養成のカリキュラムはどれだけ適合しているのだろうか。完治を目指すのではなく、複数の持病がありながら生活の質を保って暮らすことをサポートするのは、医療よりも介護の役割であろう。急性期医療が中心だった時代とは状況が違う現在、医師として身につけた専門知識や技術を発揮できている実感がもてず、医学的好奇心を満たせる状況にもないことに不全感を抱く医師がいるのかもしれない。

ＡＬＳの女性に対する嘱託殺人で逮捕された二人の医師はあくまで例外的な存在だと言い切れるだろうか。現実の医療現場の矛盾の泥沼のなかから嘱託殺人に手を染める狂気が生まれてきたようにも思える。この事件から何かしらの社会的教訓をくみ取ろうとするのであれば、慢性期医療が中心の時代の医師の役割、医療技術と医師の倫理について根底から考えなければならないということではないのだろうか。

難病患者の孤独

ある日、自分の体の異変に気づき、次第に体が動かなくなるのがALSという神経難病だ。顔や手足など自分の体を動かすときに使う随意筋を支配しているのが運動ニューロンで、ALSは脳の命令を筋肉に伝える役割を担っている運動ニューロンが侵される。

原因不明、治療法もない神経難病で、発症すると2~5年で全身の随意筋がまひして死に至る。知覚神経や自律神経には異常が起きにくいので、五感や記憶、知性をつかさどる神経には障害が起きないことが多い。呼吸は自律神経と随意筋である呼吸筋の両方が関与するので、病状の進行とともに自力呼吸が困難になる。

生き続けるためには人工呼吸器と胃ろうの管を装着する必要がある。全身が動かなくなっても、目や口の動きをヘルパーが読み取って文字にすることでコミュニケーションを図る患者がいる。文字盤や目の動きでパソコンを操作する視線入力装置によってインターネットを介して自らの活動や思いを情報発信する患者も少なくない。

京都のALSの女性がツイッターを始めたのは2018年4月からだ。すでに寝たきりの状態となっており、24時間体制の介護を受けていた。

「体は目だけしか動かず、話すこともできず呼吸苦と戦い、寝たきりで窒息する日を待つだけの病人にとって安楽死は心の安堵《あんど》と今日を生きる希望を与えてくれます」

女性のツイッターにつづられた言葉は悲痛だ。

海外で合法化されている安楽死を計画したものの付添人が自殺ほう助罪に問われる恐れがあることを知り断念したことや、ALS治療薬のニュースについてふれて安楽死への思いを留保したとの記述もあった。

昨年から次第に安楽死への願望が強まっていく言葉が目立つようになった。

「こんな身体で生きる意味はないと思っています。日々の精神・身体的苦痛を考えると窒息死を待つだけなんてナンセンスです。これ以上の苦痛を待つ前に早く終わらせてしまいたい」

「私みたく寝たきりで自筆できない人間はどうやって簡単に遺言書をつくったらいいのか?」

昨年秋には、栄養を減らして体を弱らせようと主治医に相談したが断られたという書き込みもある。

ALSの患者は約1万人おり、毎年1000~2000人が新たに診断されている。症状が進むと24時間体制での介護が必要になり、ヘルパーを確保するのに苦労を強いられる。家族の負担も重い。人工呼吸器をつけずに亡くなる患者が全体の7割を占めるのはそうした事情からだ。

病状が進行しても、見ることや聞くことはこれまでと同じようにできる。周囲が自分の存在をどのように見ているのか、家族にどんな負担を与えているのかを感じることができる。

文字盤などを使ってコミュニケーションする患者は多いが、何かを訴えたくてもヘルパーが気づいてくれないと、文字盤を持ち出してやり取りすることはできない。呼吸器が外れていても、ヘルパーが気づかなければ死に至る。絶えず非対称性のコミュニケーションによる、何とも心もとない命綱に自らのすべてを委ねているのがＡＬＳの患者である。

彼らが感じている孤独や絶望は、私たちの想像の及ばないところにある。

ＡＬＳを発症し人工呼吸器を使って生きるようになってから、妻と子どもが去っていったという男性は、嘱託殺人の報道を見て、ＳＮＳで自らの体験をつづった。静まり返った部屋に人工呼吸器の無機質な機械音だけがする。それを聞いていると寂しさのあまり涙が止まらなかったという。

難病患者と地域共生

人工呼吸器の性能が向上し、ＡＬＳ患者の身体機能は長く維持できるようになった。医療機関に定期的にかかわって医療ケアやチェックを受けられるため、感染症などに罹患するリスクも一般より低いとさえいわれる。

介護体制が充実することによって、自力での呼吸や食事ができず、寝たきりの状態になっても、生命と健康を維持できるようにもなった。

近代国家が整備してきた社会保障制度の到達点を象徴するものといえるだろう。

しかし、どんなに介護や福祉サービスが充実しても、患者の不安や孤独は医療や福祉だけでは解消できない。

全身が動かなくなっても生きている人にとって、自らの存在の意味をどうやって見出すのか、生きがいや充足感をどうやって得るのか。そんなことまで社会保障が考えてきたとはいえない。

社会保障制度とは健康で文化的な最低限度の生活をするため、政府が国民から徴収した税や公的保険料によって生活保護費などの現金給付、医療・福祉サービスの給付をするシステムだ。個々の国民の老いや病気などに備えた再分配の制度である。

生きがい、安心、充足感のようなものは個人の自由な活動のなかで得るのであって、政府の責任ではなく、そのようなことまで政府が口出しすべきではないというのが常識だった。

ただ、虐待、依存症、ひきこもり、いじめ、孤独死、自殺、ゴミ屋敷、特殊詐欺被害など、現在私たちが直面している社会課題の多くは、孤立や疎外という私的な領域にかかわる状況によってもたらされている。

最近になって、政府は「地域共生社会」を進めていくことを優先的課題として打ち出している。自分たちが暮らす地域の課題を住民自らが解決できるようにすること。高齢・障害・子ども・生活困窮などの縦割りの福祉政策・福祉サービスから、包括的な政策へと変えていくことなどが柱だ。

現金や福祉サービスの給付といった従来の社会保障ではなく、個々の住民のさまざまな困りごとに対応し、福祉サービスと結びつけたり、私的な人間関係を再構築したりして、安心や充足感を満たせるような状況をつくるのが「相談支援」というサービスだ。障害者や困窮者が自立できるように支援するだけでなく、その人に寄り添いながら人生をサポートする「伴走型支援」も最近は注目されている。

このような仕事を担えるのはどのような人なのだろうか。福祉系の大学や専門学校で社会福祉士や介護福祉士の資格を取るための教育を受けてきただけで相談支援の仕事ができるとは思えない。

自らSOSを発することができない人の心情を推し量る感受性や包容力、虐待する家庭と交渉し説得する胆力や調整力といったものは、教室のなかで身に着くものではないだろう。新卒でキャリアの浅い若者にとって簡単にできる仕事とは言いがたい。

現場では手探りのＯＪＴ（オン・ザ・ジョブ・トレーニング）を中心とした人材育成が図られているが、国民全体の意識を変え、ソーシャルスキルの向上を図るなかで、ビジネスや司法など多分野から相談支援に向いている人材の確保を図っていくべきだ。

社会課題の変化に伴って、社会保障の中身を変えていかねばならない。新たな課題の解決を担える人材の確保と養成は急務である。

欲望をどう制御するか

ＡＬＳ患者の嘱託殺人という衝撃的な事件を生んだ土壌には、「死」から目を背けてきた近代日本の精神文化や社会的怠慢がある。特殊な考えをもった医師の犯罪を断罪するだけで終わらせてはならない。「多死社会」の本格的な到来に向けて、人生の幸福のためにも「死」を語らねばならないと思う。

大人社会がバブル崩壊後の不安や自信喪失から子どもや若者の抑圧に傾き、子どもたちの負のエネルギーが内側へ向かっていじめ、自殺、ひきこもりを生んでいる構図については第1章、第2章で説明した。少子高齢化だけでなく、現役世代や未来を担う世代の精神的な地盤沈下がこの国の直面している危機の本質だ。

一方、2000年以降は介護保険や障害者自立支援法(現在の障害者総合支援法)によって福祉が飛躍的に拡充してきた。児童や高齢者、障害者の虐待防止法が制定され、障害者差別解消法もつくられた。家族内では福祉が担えなくなったことが主な要因だが、それだけではない。

バブル後、薬害エイズ事件の被害者救済、らい予防法や旧優生保護法の廃止、子どもや障害者に対する虐待が社会問題として浮上したことが導火線となって、社会的な弱者や身近な暮らしに人々の関心が向くようになった。日本社会を直撃した大きな危機が、やさしい風を人々の間に起こしたのである。

グローバル経済やネット社会という嵐の到来で、その風はどこかに消えてしまったように思っていた。しかし、弱々しいながらも公的な福祉制度の拡充という形になって風は今も吹き続けているのかもしれない。障害者や難病患者といった社会的弱者にやさしい風は、逆に崩れ落ちていく層の嫉妬や怨嗟をかき立て、歪んだ社会観から迫害や淘汰のリスクをもたらしているようにも思える。戦後の人口膨張機に食料不足の危機から優生保護法が制定されたように、現役世代の急激な減少と格差拡大の恐怖や不安から津久井やまゆり園事件やALS嘱託殺人事件が起こされたのではないかと思う。医療の進歩で生命を意のままにできるようになった人間が、神のごとき万能感の重みに押しつぶされている感もある。

何もかも行き詰まった社会の希望は、実はバブルの熱気とは無縁に打ち捨てられてきた障害者や難病患者のなかにあるのではないかというのが私の確信するところにある。詳しくは次章以下に譲るとして、際限のない欲望をどのように制御し、地球環境との調和や暮らしの幸福感を大事にする社会をどうやって実現していくかを真剣に考えなければならない。ネットという匿名の仮想空間が広がるなかで、人間の内なる欲望を制御するのはとても難しい。そのことをまず自覚すべきである。

第5章

令和の幸福論

障害をもつということは不幸である。そう信じられてきた。何かを失う、何かができないのは確かに不便であるに違いない。しかし、不便だからといって必ずしも不幸なわけではない。何かを失わなければ感じられないものがある。

薬物やアルコールの依存をやめられない人は意思が弱いのだと思われてきた。しかし、人間はさまざまなものに依存しながら生きている。そうしなければ社会のなかでは生きられない。そうした人間の弱さを自覚して初めて得られるものがある。

この章では、かわいそう、福祉の対象……とみられてきた障害者や難病患者が、危機に直面している現代社会に暗示しているものについて考えたい。希望と呼べるものが未来にまだあるのだとすれば、それは彼らのなかにひっそりと眠っている。

1 生きるとは何かを失うこと

ある日、自分の体が動かなくなり、自由を失ったとしたら、私は平静でいられるだろうか。死が迫ってきたら、あなたは正常な心をもち続けることができるだろうか。

嘱託殺人で命を落とした京都のＡＬＳ患者は耐えられない苦しみをネットで吐露した。発症すると身体機能が急速に失われるのがＡＬＳという難病だ。

しかし、寝たきりになっても社会とつながり、若者たちの心を震わせている人がいる。

生きるということは何かを失うことだ。長い歳月を生きていると次第にいろいろなものをなくしていく。そして、失いながらも大事なものを感じられるようになる。

平均寿命が延び、夕方からの人生は長くなった。黄昏《たそがれ》のなかでしか感じられない幸せもあるはずだ。

動かなくなる体

昔の洋画に登場する男優のようなダンディズムを漂わせているのは口ひげのせいか。黒い瞳の奥に宿す光は人生の修羅場を幾度となく潜り抜けてきた人のものだと思った。

岡部宏生さんと初めて会ったときの印象だ。周囲を圧する存在感を見せながら、何も語らず、身動き一つしない。

筋萎縮性側索硬化症（ALS）は治療法のない神経難病である。いつ、誰が罹患するかわからない。ある日、自分の体の異変に気づき、次第に体が動かなくなる。全身の随意筋がまひして死に至るという深刻な病だ。

岡部さんは40代後半まで大手建設会社のエリート社員だった。大学時代は乗馬競技に明け暮れ、そこで培ったリーダーシップや精神力は、バブル前後の日本経済の屋台骨を支える企業群のなかで遺憾なく発揮されたに違いない。

この病気を発症することで人生が変わった。

毎日のように何かができなくなっていく。恐怖にさらされながらの闘病が始まった。できなくなったことに対処するため道具を使ったり、何か工夫したりして生活するようになるが、それもまたすぐに使えなくなる。気持ちを切り替え、努力をして失われた機能を補うのだが、病状は容赦なく進んでいく。

自然な老いは長い時をかけて少しずつ心身の機能を失わせていく。老いを自ら受け止められるだけの時間があるから、若さや自由を喪失する絶望を和らげてくれるのである。老いや死は誰にもやってくるが、ゆっくりと近づくことによって恐怖に心を引き裂かれずに生きられるのだ。

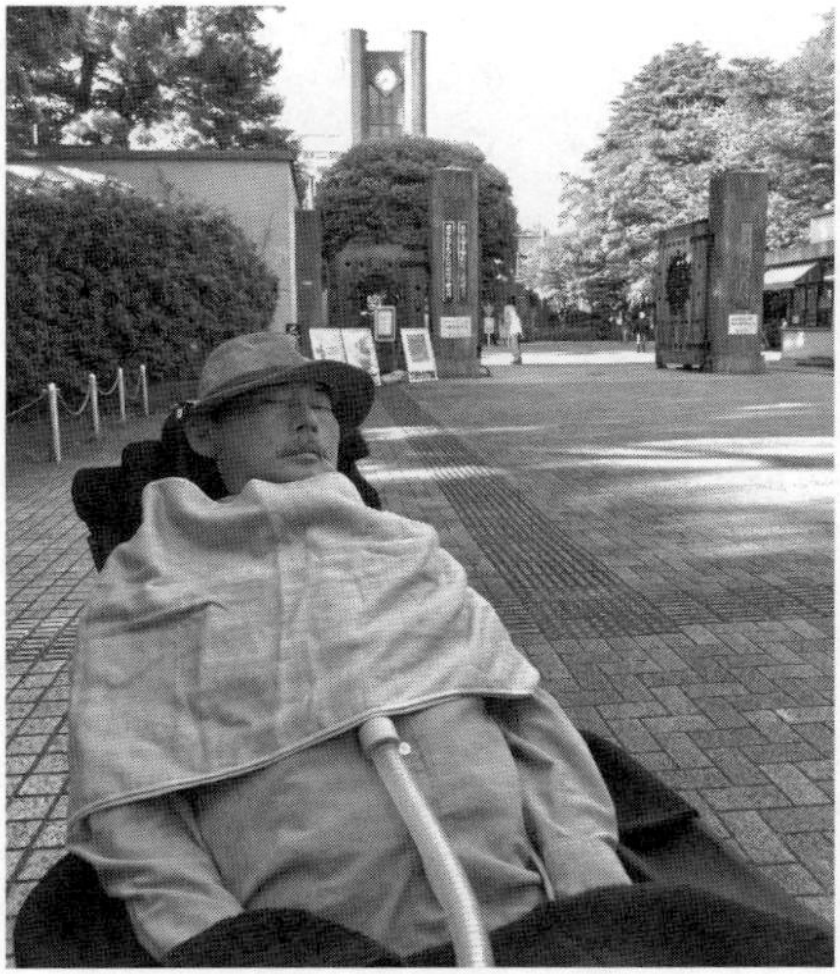
岡部宏生さん

発病後もそれなりにしっかりしているように見られていたが、内面では茫然《ぼうぜん》としていたと岡部さんは語る。ALSの患者は全国で1万人近くいるといわれるが、その存在は世間に広く知られているわけではない。

岡部さん自身、好奇の視線にさらされることがよくある。もちろんやさしい目で見られることもあるが、怖いものを見るような目、見てはいけないものを見てしまったような目、同情や哀れみの目……。そうした視線にさらされる。それが嫌で、生きる道を選択して呼吸器をつけても家のなかでひきこもって生活している患者も多いという。

言葉がつなぐ希望

顔や手足など自分の体を動かすときに使う随意筋を支配しているのが運動ニューロンで、ALSは脳の命令を筋肉に伝える役割を担っている運動ニューロンが侵される病気だ。知覚神経や自律神経には異常がないので、五感や記憶、知性をつかさどる神経には障害が起きない。ただ、呼吸は自律神経と随意筋である呼吸筋の両方が関与するので、発症して3~5年すると自発呼吸ができなくなるといわれる。それでも生き続けるためには、人工呼吸器と胃ろうを装着するしかない。

ALSという神経難病に罹患した患者を待っている過酷さは、人工呼吸器をつけて全身不随になって生きていくか、それとも呼吸器をつけずに死んでいくかを自分で選ばなければならないところにもある。

医療技術の進歩と普及によって、自発呼吸の機能を失っても生きようと思えば生きられる時代になった。しかし、医療費や介護費用がどのくらいのものか、患者自身は理性的に認識できる。家族をはじめとして介護を担う人の負担や苦労を受け止めて揺れる感情もある。

呼吸器をつけずに死んでいくことを選ぶ患者が全体の7割を占める。進行していく病状に絶望して死を選ぶだけではない。ALSは24時間365日の介護が必要になる。生命を維持することは人工呼吸器を装着すれば可能でも、日常生活における介護や経済的な負担は家族に重くのしかかる。生きたくても生きることを選択できない、いや、自らの意思で選択しない人が多いのはそのためだ。

特に女性患者が呼吸器をつけない割合が多い。男性の場合は妻や娘などに介護を頼む人もいるが、女性の場合は夫などに負担をかけることを躊躇《ちゅうちょ》する人が多いというのだ。

岡部さんは発症から3年半たった頃に人工呼吸器をつけた。

苦悩やためらいは何度となくあっただろう。今も恐怖や絶望を感じることがあるに違いない。それでも生きる希望を持ち続けているのは、社会と「ことば」によってつながっているからだと思う。

岡部さんは東京都江東区の自宅で常時の介護サービスを受けて暮らしている。耳は聞こえるがしゃべることができず、全身を動かすこともできない。

わずかに動く唇の形の変化で「母音」(あ、い、う、え、お)を、目の動きによって「子音」(か、さ、た、な……)を介助者に伝え、その組み合わせでつくられた文章でコミュニケーションをしている。

あるいは、透明なボードに「あいうえお……」を書き、岡部さんと介助者がその「文字ボード」を挟んで向き合う。岡部さんの視線がどの文字を指すのかを介助者が追って、1文字ずつ拾うようにして確定し、文章にしている。

最近の患者のなかには、発症間もない頃、声が出なくなるときに備えて、自分の声を録音する人もいる。ＩＴ機器を使って文字を声に変換し、自らの「声」でコミュニケーションを図るのである。

岡部さんは、文字ボードや目と唇の動きを読み取るコミュニケーションを介して、厚生労働省の審議会で意見を述べ、全国各地を講演で飛び回っている。国際会議にも出席して自ら意見を述べる。飛行機に乗るときには、離着陸時に人工呼吸器が使えないため3人の介助者が手動の呼吸器を動かしてサポートする。

障害者のリアルに迫るゼミ

東京大学で「障害者のリアルに迫る」という学生たちが運営する自主ゼミがある。学部や学年を問わず、興味を持った学生が集まる。大学公式の単位を取得できるゼミだ。

ゼミが開講した2014年春から、私は主任講師（非常勤講師）をしている。目と耳が不自由

障害者のリアルに迫るゼミ

な福島智さん（東京大学先端科学技術研究センター教授）、熊谷晋一郎さん（同准教授）ら学内の障害をもった研究者だけでなく、発達障害、知的障害の当事者や依存症、若年性認知症、LGBTなど性的少数者の当事者も外部から講師として招き、学生たちとディスカッションをしてもらう。

テレビや新聞、月刊誌など多数のメディアでゼミの活動は取り上げられた。『障害者のリアル×東大生のリアル』（ぶどう社発行）、『なんとなくは、生きられない。』（同）という単行本も発行した。

岡部さんは常連のゲスト講師の一人である。何度も学生たちが岡部さんの自宅を訪ねて、食事をごちそうになりながら、話を聞く機会ももっている。ふだんの生活の場で、リアルな交流を重ねている。

最初に岡部さんを東大・駒場キャンパスの教室に招いたのは2015年初夏だった。寝たきりで全身が動かない岡部さんの姿に学生たちは戸惑いの色を浮かべていた。瞬きと唇のかすかな動きを読み取りながら介助者の女性が岡部さんの言葉を学生たちに伝える。それだけでは時間がかかるので、あらかじめ用意してくれたパワーポイントの資料をスクリーンに映し出し、岡部さんの生活を紹介してくれた。

かつて一世を風靡《ふうび》した世界的人気のロックバンドTOTOと一緒の記念写真、海外旅行で撮影した写真、「アイスバケッチャレンジ」という企画で岡部さんが氷水を頭からかぶる写真などが教室のスクリーンに映し出される。

学生の一人が質問する。「人工呼吸器をつけることを迷いませんでしたか?」

「何度も迷いました、何度も考えが変わりました。本気で死のうと思ったこともありました。でも、そのときは(すでに体が動かなくなり)自分で死ぬこともできませんでした。まさに〝手遅れ〟でした」と岡部さん。

岡部さん流のユーモアなのだろうが、学生たちは笑っていいのかわからず神妙な顔をしている。

別の学生からも質問の手が挙がった。「僕もそうですが、多くの人が何げなく生きていると思います。あえて岡部さんは生きる選択をしたわけですが、それから生きることに対する考えが変わりましたか？」

岡部さんは次のように答えた。

「生きるか死ぬかの選択を迷っていたときよりも、生きる意味や価値について考えるようになりました。呼吸器をつけて生きることを始め、まずは存在する。それがスタートで、その後に意味などが出てくると思います。そして存在することに意味があると思うようになりました」

言葉を失う東大生

ゼミが終わってから、キャンパス内にあるレストランで懇親会をやることも多かった。岡部さんの会ではいつもの2倍以上の数の学生たちが懇親会に参加した。

ビールやジュースを飲み、料理を食べながら、学生たちが岡部さんに質問する。口から飲み食いができない岡部さんは愚痴ひとつ言わず、学生たちに付き合ってくれた。次第に学生たちは席を離れて岡部さんのところに集まり、真剣なやり取りが始まった。

1年生の男子学生が岡部さんの横に座って語り出した。

「僕は東大に合格してから、生きる目標を見失いました。何をしたらいいのかわからないのです。岡部さんの目から見ると、こんな僕はどのように映るのでしょうか。身体的には健康だけど意味もなく生きている僕たちと、体は動かないけれど生きがいをもっている岡部さんと、どちらが幸福なのか考えてしまいます。もしも岡部さんが病気から快復して、その代わりに生きがいを失ってしまったとします。目の前にボタンがあり、これを押せば今の岡部さんに戻れるとしたら、どうしますか？」

岡部さんの目がわずかに輝いた。まぶたの動きと唇を読み取っていく介助者を学生たちは固唾をのんで見守っている。

「絶対にボタンを押します。なぜなら、体の動かない不幸よりも、心の動かない不幸のほうが、私には耐えられないからです」

カミナリに打たれたように、学生たちは言葉を発することを忘れて岡部さんを見つめていた。張り詰めた重い沈黙のなかで学生たちの感性がぶるぶると震えているのを感じた。

「君たちの心は動いているのか」

何もかも失って死に直面している岡部さんが、若くて才能にあふれ、輝く未来が待っているはずの東大生たちに問う。それに対して、学生たちは言葉が出てこないのである。

命がけのコミュニケーション

そのゼミからちょうど1年後、津久井やまゆり園で事件が起きた。

「重度の知的障害者、寝たきりに近い重複障害者には生きる価値がない。社会を不幸にする」「だから自分が安楽死をさせた」。警察での取り調べや、その後の刑事裁判で植松聖死刑囚はそう犯行動機を繰り返した。こうした障害者を生かしておくにはお金がかかる。今の社会にはほかに必要なところに予算を回さねばならず、余裕はないというのである［第4章137頁］。

岡部さんは、目や唇の動きを文字として読み取ることのできる介助者がいなければ、自らは何も意思表示ができず、何か話しかけられてもまったく反応することができない。あのときあの場にいたら、真っ先に刃物を振り下ろされていたかもしれない。

しかし、岡部さんに生きる価値がないのだろうか。私にはどうしてもそう思えない。重い沈黙のなかで東大生たちの価値観が音を立てて軋み、崩れていくのを私は感じた。東大生たちだけではない。他の大学でも岡部さんが学生たちに向かって話すのを聞く機会があるが、そこでも水を打ったような独特の緊迫感に包まれる。

岡部さんの介助者の多くは学生アルバイトや若い介護スタッフだ。彼らは岡部さんの発する何かに吸い寄せられるようにやってくる。彼ら自身のなかにある空洞を埋めるものを求めるような感じにも思える。平穏な人生やふだんの生活では満たされない何かである。

恋愛や仕事や性について悩みを持った学生たちと対談したとき、岡部さんは介助者との関係についてこんな話をした。

「私はご覧のとおり、すべての行動や意思疎通についてサポートが必要です。それどころか呼吸さえも自分ではできないのです。そういう人間が生きていくためには究極の人間関係が必要になります。自分のすべてを委ねるのです。食事も排泄もコミュニケーションも命もです。それを機械のように介助者に淡々と任せる人を一つの端とすれば、もう一方の端は極めて深い人間関係を構築して介助者とまるで家族のような関係をつくる人です。

実際はこの二つの間にグラデーションのように介護者と患者の関係は存在しています。たとえば、友人と家族は違います。友人が家族になろうとしたときから関係性はとても変わっていきます。他人が介入しないところまで、お互いに介入するわけであって、それは究極の人間関係になりうるということです。人それぞれによって究極の程度は差がありますので、それを全部同じとはいえませんが、その人にとって他の人と違う自分の領域に相手を迎えるということです」

何もかも自分のすべてを相手に委ねる。究極の人間関係の領域に相手を迎え入れる。

平穏な日常のなかではそうした経験をすることはあまりない。家族内も、地域でも、会社でも、人と人が接する時間は減り、相手に対して踏み込んだり迎え入れたりする「深度」は浅くなっている。情報テクノロジーが日常生活の隅々まで変え、人と人とが直接交わらなくても済む生活を広げている。

自分を他者に委ねようとはせず、他者を自分のなかに迎え入れることもしない。そのほうが煩わしくない、傷つくことを恐れる必要もない。無味乾燥と言われればそうかもしれないが、そうした人間関係の希薄さが快適だという人はいるだろう。

胎児や新生児の頃には誰もが、何もかも自分のすべてを母やそれに代わる者に委ねている。そうした原体験によって染み込んだ心地よさや至福感を誰もがもっているはずなのにと思う。

岡部さんがすべてを相手に委ねるのは、そのようにしなければ生きていけないからだ。しかし、介助する側にとっては、すべてを委ねられることでしか感じることのできない重責感や充足感があるのかもしれない。透明の文字ボードを挟んで、岡部さんの視線を追い、言葉をくみ出す。究極の関係性に踏み込んだ瞬間、陶然とした幸福感が介助者のなかににじみだしていくような感じすらするのである。

岡部さんは介助者に対して厳しい。ミスは許さず、適性がないと判断すればあっさりと解雇する。

人工呼吸器が外れているのに介助者が気づかなければ、現実に死んでしまうからである。必死に心のなかで叫んでも、介助者が岡部さんの目の動きから視線を外していたら、その声は届かない。

岡部さんが介助者に厳しいのは、もしも介助者のミスで自分が死んでしまったとしたら、介助者は重い罪の意識を一生背負っていかねばならないからだ。そういう思いをさせたくないのだという。

荒野を目指した東大生

麻布高校を卒業して現役で東大に入り、1年生のときにアメリカのハーバード大学で世界のエリートたちが集うイベントがあり、東大のリーダーを務めた。麻布高校の頃、学園祭で実行委員長をしたこともあり、御代田太一君は同学年では名の知られた学生だった。

2年生のときに「障害者のリアルに迫る」ゼミの運営を中心的に担った。全身が動かない岡部さん、盲と聾の重複障害がある福島さんらとの出会いが順風満帆の人生を変えることになる。

4年生になって浮かない顔で就職活動をしていた御代田君にどこか私を避けるような雰囲気を感じたりもした。こうやって学生たちは社会に飛び立っていくのだと一抹の寂しさを覚えたものだ。

「ちょっと相談に乗ってくれませんか」

彼から連絡があったのは初夏の頃だ。有名企業の数社から内定をもらっているのは聞いていた。

「どこに決めたんだい？」と聞くと、「全部、断りました」とさっぱりした顔をしている。大学院にでも行くのかと思ったら、そうではないという。

「障害者の施設で働きたいんです。できれば一番仕事が大変な現場でやってみたい」

母親には厳しく反対されたという。東大まで行かせた大事な息子の道を踏み誤らせたということで、自主ゼミの講師である私も恨まれているらしい。

「本気なのか」と聞き返したが、彼の決意は揺らがなかった。

命とは何か。何のために自分は生きているのか。ゼミで出会った重い障害をもった人たちから突きつけられ、薄っぺらな価値観が吹き飛ばされたのだという。提示された問いに素早く正解を返すことで学歴社会の階段を駆け上がってきた。ところが、頂点に立ったとき、その先が何も見えなかったという。

何もかも失い、絶えず死に直面している岡部さんと出会ったのは、その頃だった。

自分の力では身動き一つできず、すべてを介助者に委ねながら、心の翼を羽ばたかせて世界を駆けまわる姿を見せつけられた。

「本物の社会とつながることができた」

キャンパス内のレストランでの懇親会で、岡部さんは胃ろうのチューブを外させ、赤ワインを直接注射のような容器で自分の胃に流し込ませた。若い学生たちと同じように酔って赤い顔をした岡部さんは閉店まで3時間も付き合った。

御代田君は滋賀県にある社会福祉法人グローの運営する救護施設で3年間働いた。東京のど真ん中で育った青年にとって、初めての田舎での一人暮らし。自炊はおろか朝起きて自分で部屋のカーテンを開けたこともなかったという。

その彼がアパートの部屋でカレーを作って食べ続け、食中毒になったのは着任してしばらくたった頃だ。

救護施設には行き倒れで記憶喪失になった人、派遣切りでホームレスになった人、刑務所を出ても行き場がない人たちがやってくる。社会から捨てられた人々が最後にたどりつく措置施設である。

「東大出の子どもみたいな顔の職員」を冷ややかな目で見る利用者もいた。陰口を叩かれ、スリッパを投げつけられたこともある。

ちょっとした行き違いから、胸ぐらをつかまれ、怒鳴られたときはさすがに衝撃を受けた。こんなにあからさまな怒りを浴びたことは生まれて初めてだったという。

青年が目指した荒野は甘くはなかった。むしろ、社会の底辺をさまよっている人々にとっては、苦労を知らずに学歴社会の頂点を極めた青年がまぶしすぎて、自分たちのすむ暗がりを脅かす存在に思えたのかもしれない。

長くは続かない。誰もがそう思ったのではないだろうか。せめて、もう少し彼の能力を生かせる持ち場を与えてあげたほうがいい。そんな目で同僚たちから見られていたとしても不思議ではない。

東京で行われたシンポジウムに登壇した御代田君は、自分の仕事を紹介しながら心境を語った。胸ぐらをつかまれて罵倒されたときのことである。

「やっと本物の社会とつながることができた気がする」

こんなに激しく、無防備な怒りを全身で浴びたことなど生まれてからなかったという。非の打ちどころのない優等生というわけではないかもしれないが、誰もが羨むような恵まれた成育環境のなかで生きてきたには違いない。弱さや愚かさをさらけ出して、自分のすべてをぶつけてくる利用者たちに「本物の社会」を感じたという。

何もかも自分のすべてを相手に委ね、究極の人間関係の領域に相手を迎え入れる。そうしなければ生きていけない岡部さんが、介助を通して若者たちにもたらしているものと通じるのではないかと思う。

LGBTの学生

ふてくされた顔で腕組みし、足を投げ出している。障害者のリアルに迫るゼミで最前列にいる小柄な学生はいつも帽子を目深にかぶり、怒った目をしていた。それが今井出雲君だ。

女性として生まれたことに違和感を抱き、女子高に在学中は保健室で過ごしたりトイレに逃げ込んで涙が止まらなかったりしたという。自分をこんなに苦しめている社会を見返したかったというのが、東大を受験した理由だ。

ところが、男女共学になると女子高時代とは違う壁にぶち当たる。トイレは男女どちらに入るかを迫られる。どの書類も男か女かどちらかに「○」をつけさせられる。精神的に追い詰められて大学へ通えなくなり、現実から逃げ出すように中東のパレスチナへ飛んだりもした。

静岡市で生きにくい子どもや若者の支援をしている福祉職員らが中心となって活動している「縁側フォーラム」という団体のイベントが毎年開かれている。今井君はほかの大学生らと登壇し、岡部さんと対談をした。

「つい数年前まで、人とは違う自分をどうしても許してあげることができませんでした。好きになれなかった。人はみんなそれぞれちょっとずつズレをもっているものですが、トランスジェンダーであるがゆえに、私のもつ周囲とのズレは動かしがたく大きなものと感じられたからです。そのため周囲との接点を最小限にし、自分の殻に引きこもる日々が続きました。

ごく一部の仲のいい人との場や『障害者のリアルに迫るゼミ』を除けば、社会を安全な場だと感じることはありません。いちいち理解を求めていても、先に進めず生きていけないことが多いですから、なるべくそのまま流して、表面的には平和にその場をやり過ごしてしまいます。少しは社会に適合できるようになった、言い方を変えれば、社会に迎合できるようになったといえます。しかし、やはり私は傷ついているのです。

また、どう考えても社会を支配する価値観がおかしいのに、なぜマイノリティーばかりが我慢しなければならないのか、という被害者意識なのか正当な怒りなのかわからないものが頭を支配してしまいます。

老いたら見放されるのではないか、老いたら自身の体の変化とともに自らの性のあり方と付き合っていけなくなるのではないか、自分自身が最後まで自らのズレをもったまま、苦しい状態で生きていくことに耐えられるのだろうか、という恐怖が常にあります。今は正直、若さでカバーしている感覚や、深く考えないように、流されて生きている部分がありますが、このまま いつまで生き続けられるだろうか、と大げさなことを考えてしまいます。
今、トランスジェンダーであるがゆえの弱さや曖昧さをもった自分を抱えたまま生きていくことが怖くて仕方ないのです」

自由とは何か

触れると血が噴き出すような言葉だった。外部との認識のズレの大きさに追い詰められている性的少数者の苦悩を今井君は吐露した。動けない体でそれを受け止めた岡部さんは優しく諭すように語り始めた。

「私も深い悲しみやつらい気持ちを抱えて過ごしています。コミュニケーションのギャップで言えば、私は特殊なスキルをもった人としか話せません。それは時に、受け手がコミュニケーションを取りたくないと思えば、まったく私のコミュニケーションは絶たれてしまうということです」

「とても仲がよかった妻が、私の病気に苦しみながら亡くなってからの7年は早く死にたいとばかり思って生きてきました。どうやったら死ねるかを具体的に考える日々でした。呼吸器を外すことは日本ではできなくても、外国には呼吸器を外すことができて、海外からも受け入れている国があることを知りました。このことで自分も死の選択ができるのだという安堵《あんど》感を得られました。ただ、誰が連れていってくれるのかを考えたときに、結局自分は死ねないのだということがわかりました。

そのことによって生活が変わりました。毎日3時間程度しか眠らない生活が始まりました。進行性の病気なので今日より明日の方が症状は悪くなります。できることは今やろうということもありますが、無理を重ねて少しでも早く死のうと思っていたのです。いくつかの理由により現在は生きなければと思うようになりましたが、ずっと死にたいと思ってきたのです」

岡部さんにとって、死はとても身近にある。何度も死にかけた経験があり、自ら生死の選択をして今日まで生きてきた。明日がやってこないかもしれないということを前提で生きている人は少ないだろうが、岡部さんは死を意識せずには生きられない毎日を送っている。

「そういう状況のなかでもやりたいことをやってきました。それは自己肯定とは関係なくて、やりたいことがあるということです。何をやるにもサポートが必要な私でさえやりたいことがたくさんあります。そういうものが自己の存在を受け入れざるを得ないものにしていくのではないでしょうか? 年を重ねることは悪いことばかりではなくて、感性を磨くことにもつながっていくと思います」

死を意識するからこそ得られるものがある。心身の機能が衰えていくのを感じたとき、人生の時間の有限性を現実的に意識したとき、感じられるようになるものがある。心の自由とはそうしてやっと得られるものなのかもしれない。

私たちは新型コロナウイルスの世界的パンデミックによって動くことのできないストレスや苦しみを味わい、いつ感染して呼吸困難になり死が訪れるかもしれない恐怖を体験した。しかし、人生はもともとそうした先の見えない不確実さに満ちている。ほとんどの場合は深刻な結果が起こらず、今の続きの平穏な明日を迎えているから実感できないだけだ。

生きるということは、何かを少しずつ失っていくということだ。失いながら、大事なものを感じられるようになることだと思う。

性的少数者の今井君は、父がつけてくれた女の子らしい名前を自ら捨て、「出雲」という新しい名前を得た。なけなしの貯金をはたいて胸を切除する手術を受けた。

「別に男になりたかったのではない。私は私自身になりたかっただけだ」「選択肢や可能性がたくさんあることが自由なのではない。瀬戸際まで追い詰められた、私たちにたった一つ残されたもの、それこそが自由なのだと気づいた」

ただ残されていたのではない、と私は思う。今井君は自らの意思で大事なものを捨て、さまざまなリスクを自ら引き受けながら、目の前にたった一つ残されていたものを命がけでつかみ取りに行ったのだ。そうしなければ手に入らないのが自由というものだと思う。

神経難病を発症し、否応なくいろいろなことができなくなり、何もかも失った岡部さんは人工呼吸器を装着し、生きることを選んだ。絶望と死の恐怖の嵐に身をさらす覚悟を決め、自らの意思で生きる扉をこじ開けた。壮絶な葛藤と闘争を引き受けなければ、心の自由は手に入らなかったに違いない。その姿が東大生たちの感性を震わせるのである。

もしも「障害者のリアルに迫る」ゼミに出会わなかったら、御代田君も今井君もまったく違った人生を歩んだはずである。大企業のエリート社員として、あるいは研究者として、選ばれた立場で社会の真ん中を歩んでいったに違いない。社会的地位だけでなく金銭面でも恵まれた地位を手に入れることができただろう。

しかし、自分が所属する組織のなかで優秀さを競うことにモチベーションを費やす人生に彼らは果たして幸福を感じられるのだろうかとも思う。学歴社会の階段の延長をどこまで上っても、そこに彼らが求める青空は見えるだろうか。バブル後に「一億総中流」が崩壊し、勝ち組と見られていた層も中高年を迎えてから黄昏に佇んでいるのを見るにつけ、そう思う。

東大生は社会の中心を担っていくエリートの象徴である。誰もが社会の「中心」を目指して血眼になっているのに背を向け、彼らは自分自身のなかに「中心」を探そうと荒野に飛び出した。身体の機能を失った重度障害者が心の翼で自由に青空を飛んでいるのを見て、彼らのなかで何かが弾けたに違いない。

いす取りゲームのように、勝ち組のいすを争い合っている人には、残りのいすがどんなに少なくなっても、ゲームから降りることができないだろう。自分のなかに「中心」を見つけた人が安心や信頼を土台にした新しい社会をつくることができるのだ。

2 当事者という希望

農業や自営業が中心だった時代には公的な福祉制度はほとんどなかった。大家族のなかで介護も育児も支え合うことができたからである。2000年に介護保険が始まってから、障害者や子どもにも多くの国家予算が投じられるようになった。

ただ、お金と人には限界がある。従来の制度には適合しない困窮者が地域にあふれるようにもなった。もっと本質的な問題がある。それは、どれだけ福祉を拡充しても、家族が担ってきた機能には手が届かないものがあるということだ。

福祉スタッフは家族にはなれない。恋人にも、友達にすらなれないかもしれない。そういう福祉に困窮者はいらだち、失望する。

彼らが求めているもの、人が幸せになるために必要なものは何なのだろう。

私は、なにもの？

高知東生さんといえば、昨今は見られなくなった野性味あふれるキャラクターで人気を博した俳優だ。覚醒剤取締法違反容疑で逮捕され、２０１６年に有罪判決を受けた。現在は薬物依存症だった経験をもとに講演や著書の出版など啓発活動に取り組んでいる。その言葉や活動には、当事者ならではの迫真性や覚悟を感じる。

依存症は、薬物による人体への生理的影響というだけでなく、社会との関係性のなかで生じる自己肯定感の喪失（空白）と深い関係がある。「逃れられない孤独感」という人もいる。もともと人は育ちのなかで家族から見返りを求めない愛情を注がれ、自分の存在を無条件に肯定できる土台を築いていく。家族をはじめとする人間関係の希薄化、ネットによるコミュニケーションの変容のなかで、自己肯定感が形成されない「空白」が現代人の内部にさまざまな形で広がっているようにも思える。

マスコミを志望する上智大学の学生たちと、高知さんに話を聞く機会を得た。「私は、なにもの？　障害者のリアルを考える」というテーマの自主ゼミにゲスト講師として高知さんを招く。そのための打ち合わせだった。

格差が広がる社会においてはかなり恵まれた層にいる学生たちだが、その内側にも「空白」はある。紛争や飢えとは無縁で、平穏な豊かさがあまりにも当たり前にあることが、生きている実感を薄れさせているのかもしれない。表面的には恵まれた家庭に見えるが、その内実は希薄な関係性で成り立っていることがある。自分の存在が何なのかわからず、家族にも学校に対しても帰属意識が乏しい。そんな学生が多いように思う。「私は、なにもの?」。どこか寄る辺なさを抱いている学生たちが自分のなかの「空白」に向かって問いかける。

高知さんが学生たちに語った話を紹介したい。すぐそこに依存症の入り口はある。いつ自分も知らないうちに引きずり込まれるかわからない。日常の隣に破滅が潜んでいる、恐ろしい話だった。

高知県の田舎で生まれ育ち、しかも高校の頃は山奥にある全寮制の野球部員だったので、世間のことは何も知らなかったんですね。高校生のときに母親が自殺をして、きょうだいもいないし、天涯孤独になりました。故郷にいられなくなり、寂しさを引っ提げて東京へとやってきました。成り上がってやる、一人で生きていくために何でもやってやると思った。仲間も知り合いもいなかったけど、都会の衝撃っていうのはすごかった。

バブルの頃、日本中がおかしくなった。錯覚の時代ですよ。夜の街に足を運ぶようになってね。憧れの女性がいたりして、そんな人たちの仲間になりたくて、何とか近づきたくて、クラブやディスコに入り浸りました。

おしゃれみたいなもので、みんな薬物をやっていましたよ。ドキドキした。できない、やれませんと断るのはやめよう。そうじゃないと自分が目指す人とは知り合いになれないと思った。

初めて薬をやったとき、『何だこれ、何がいいんだろう』と思いました。お酒も飲んでいるし、音楽もガンガン流れている。覚醒剤の刺激なんてあまり感じなかったですね。いつでもやめることができると思った。仲間と深い関係になりたくて、『やろうか』と言われたら、『嫌』とは言えなかった。せっかく東京まで出てきてつかんだ仲間を手放したくなかった。20歳の頃ですよ。

そこで芸能人と知り合ったのが縁で、芸能界に入ったのですが、芸能界にいた17年間は覚醒剤はやりませんでした。夢中になれるものがあったのが大きかったですね。芸能界では自分からつながりを求めなくても、いろんな人と新しい関係、新しいコミュニティーをつくることできたし。芸能人っていうことで責任も負うようになった。

CMにしてもドラマにしても、お金を出してくれるクライアントがいます。責任というものを新たに感じ始めたから、薬物から離れることができたのだと思います。いつでも薬物なんてやめられる、そんな甘さを身に着けてしまったんでしょうね。

再び薬を始めたのは、逮捕される1年前です。芸能界とは別に、健康産業関連の商売を始めたのですが、いろんなトラブルが起きて大変だった。人間関係でも問題が起きたりして、すべてのことが一気に重なってきた。ストレスがあふれ、コップからこぼれるようになった。

みんなが依存症になるわけじゃないんです。『1回やったらみんなやめられない』と言われるけど、そうとは限らない。依存症のなかにも重症と軽症があって、さらには愛好家みたいな状態のときもある。捕まっても、病気じゃない、運が悪かっただけと思っていた。でも、捕まらなきゃ、やめられなかった。『立派な病気です』と言われました。病院に通い始めてからも、病気ではないと言い聞かせていた。精神科病院に入れられたらどんな狭いところに閉じ込められるのかと想像して怖かった。

『いつでもやめられる』と思い込んでいたんです。若い頃は、自分で薬をコントロールできていたという錯覚です。でも、薬にコントロールされるようになってしまった。今は、心から悲しみ、心から笑い始めること、それが大切と伝えたいです。

「ギャンブル依存症問題を考える会」田中紀子さんとの出会い

高知さんは自ら望んで今のような活動を始めたわけではない。深い闇の底から出ることができたのは、「ギャンブル依存症問題を考える会」代表理事の田中紀子さんという存在があったからで、その強い引力が働いたためだった。父親も夫もギャンブル依存症で、自らも依存症からはい上がった経験が田中さんにはある。その当事者性から発するエネルギーが高知さんを救い出したのである。

田中さんが高知さんにツイートすると、返事が戻ってきた。批判の渦中にあった高知さんにとって、SNSで自分を擁護してくれたのは田中さんしかいなかったからだという。

「依存症の啓発って、興味のない人にはまったく関係がない。ほとんどの人が依存症は特殊な人と思っている。セミナーをやっても身内ばかり来ている。発信力のある人にアイコンになってほしいと探していた」。田中さんは高知さんに依存症の啓発活動をやることをもちかけたのだという。

「田中さんから誘われたのはうれしかったけれど、当時は人間不信に陥っており、絶望していたので断りました」と高知さん。ところが、断りの返信をすると、1分もたたないうちに田中さんから連絡があった。

「○月△日、横浜のレストランで12時に予約を取りたいと思いますがどうですか?」

「すみません。放っておいてください。落ち着いたら返事します」

「予約取りましたー」

いったい何なんだ、この人は……。高知さんは腹が立った。しかし、どれだけ断っても田中さんはひるまなかった。

「人前で話したくないんです」

「いや、恥をかいてください。高知さんにしかできないことがある」

「僕のほかにもいると思うんだけど。何で僕なんですか?」

「高知さん、〝大穴〟じゃないですか。愛人とラブホテルにいるところを薬物で捕まった。イメージ最悪じゃないですか。そこから回復したら、すごいイメージアップ。誰でもできると思ってもらえる」

それからは田中さんにスケジュールをどんどん入れられていく。口八丁手八丁で息つく暇もなく、啓発活動のスケジュールが埋まっていく。「怖かった」と高知さんは言う。持ち上げられているのか下げられているのかわからない。自尊心も何もない。自分でコントロールすることができず、売り言葉に買い言葉で田中さんと何度も大げんかになった。

しかし、3時間後には「明日のスケジュールですが」と連絡してくる。

「『高知東生』というキャラクターを依存症の啓発に利用しようということだけではなかった」と田中さんは言う。高知さんのツイッターの書き込みには精神論から発する言葉が並んでいた。

「このままでは死んでしまう」

田中さんは、高知さんのツイッターから彼が「外出もできない」とおびえていることに気づいた。

50代の再犯率は高い。

「このままでは死んでしまうと思った」と田中さんは言う。

「依存症になると、薬以外のものでストレスを解消したり、気持ちを切り替えたりすることができなくなる。薬をやっていないと逆に脳の快感物質のドーパミンが出なくなる」。そういう病気なのだと田中さんは強調する。

「不快、イライラ、ソワソワ……。いても立ってもいられなくなる。薬を手放したら、どのように普通になれるのか、日常をどう保てるのかわからず、苦しんでいる」のだと。

うつ病はセロトニンという脳内で働く神経伝達物質が出なくなる病気だ。今は有効な薬が開発されているので、薬物治療で回復が可能になった。ドーパミンという中枢神経に存在する神経伝達物質が出なくなるのが依存症だ。まだ有効な薬がないため医療機関で治療すべき疾患としてなかなか認知されないという側面がある。

「うつ病も以前は〝なまけ病〟といわれた。病気として認知されていなかった。依存症は個人の問題とされてきた。道徳観や精神論に訴えてもどうしようもないのに、それが知られていないから叱咤《しった》激励される。依存症は自殺率が高くて、一般の30〜60倍といわれている」と田中さん。

実際、強引に啓発活動に連れ出そうとする田中さんに反発しながらも、当時の高知さんの精神は断崖絶壁にあった。

有罪判決とはいえ4年の執行猶予がついて、刑務所には入らなくて済んだ。1年目は事業の財務処理に追われていたのでまだよかったが、2年目からがつらかった。「外へ出るな」「謹慎しておとなしくしていろ」と言われた。必死で自分なりに反省した。家族にも迷惑をかけたし、しっかり向き合おうと思った。しかし、限界だった。

「他人の世話にならないと生きられないのか。これだったら死んだほうがいいか」

何度もベランダへ行った。しかし、死ぬ根性も勇気もなかった。ひきこもるしかなかった。

「外に出たら石を投げられるぞ」「マスコミに隠し撮りされるぞ」。そう言われた。弱っているときに近づいてくる人は、みんな信用できなかったという。

「当事者」が照らす希望

田中さんに出会わなかったら、高知さんは本当に破滅していたかもしれない。どんなに断っても心のなかにドカドカと踏み込んでくる。誰もが田中さんのようなことができるわけではない。権限はあるのか、法的手続きは踏んだか、個人情報保護に抵触していないか……。公的機関であれば、そんなことばかり内部で協議して、追いつめられた依存症者を救うことなどできないと思う。

「放っておいてほしい」と高知さんに言われたら、簡単に引き下がるのではないか。「いい加減にしてくれ」と怒鳴られたら、萎縮して連絡もしてこなくなるかもしれない。

その言葉とは裏腹に、実は高知さんが限界まで追い詰められ、ベランダから下をのぞいていることなど知る由もなかっただろう。

田中さんには、このままにしておいたら高知さんは死んでしまうという確信があった。自分自身がそうだったからである。

外に出ることで批判もされるだろう。恥もかくに違いない。それでも、「誰かを助け、役に立っている」という実感が自分自身を救うことにつながる。高知さんが立ち直るにはどんなにつらい思いをしても外に出るしかない。そういう信念が田中さんにあった。「自分のとんでもない過去が誰かの役に立つ。それで落とし前がつく。心の貯金で自分の再犯防止になっている。使命感、役割が得られるとドーパミンが戻ってくる」。田中さん自身がそうだったからである。目の前でおぼれる人を見たとき、かつての自分と重なって見えるのだろう。その「いたたまれなさ」が当事者の行動の原動力となっている。

薬物依存で逮捕された有名人を過剰にバッシングするのは、成功者への屈折した羨望や嫉妬、不道徳者を叱責することで得られるカタルシスがあるからだ。マスコミは大衆の負の感情を煽って視聴率や売り上げ部数を上げようとする。そうした社会病理の深刻さはもっと重く考えないといけない。

児童虐待などに見られる公的機関の非力さや機能不全は、依存症者の回復に向けた支援や社会復帰においてはさらに著しい。

そうしたなかにあって、絶望や苦しみを味わった当事者による活動は力強く、暗闇を照らす希望を感じさせる。「道を一度でも踏み外したら終わり」という単線型ではなく、何度でもやり直せる社会にしなくてはならない。柔軟で包容力のある社会の象徴であり、それを実現する原動力として、当事者のもつ可能性に目を向けるべきだ。

公的システムと当事者

かつての福祉は「措置」と言われる制度に基づいて行われてきた。個々のお年寄りや障害者のニーズを行政が自ら調べ、どの施設を利用するかを一方的に通知するというものだ。家族では養育できない人を行政の権限で「措置」するという制度である。ただ、措置する限りは行政が責任を持つという面はあった。

2000年以降、介護保険制度や障害者自立支援法が登場すると、措置から契約に基づく福祉へと制度は根本的に変わった。福祉サービスを提供する事業所（施設）と高齢者や障害者が個別に契約を結ぶというものだ。行政は補助金を出すが、個々の契約にまで立ち入ることはしなくなったため、公的責任の後退だとの批判もある。

国や自治体が設立し運営までしていた高齢者や障害者の施設も民間へと管理が移譲されるようになってきた。入所する利用者や家族からは、県立施設や市立施設の方が安心できると感じてなのか、反対の声が今でも聞かれるが、支援内容は民間より優れているとは一概にいえない。民間より高いのは給与水準で、労働者としての権利意識も強い傾向がある。理事長や施設長などのポストには県や市の幹部職員が天下りで就くことも多く、専門性や責任感の欠如が批判されてきた。

民間は利用者に選ばれなければ、経営が行き詰まるリスクが絶えずある。利用者からすれば公立施設のような安定性がないように見えるかもしれないが、その分、経営者も職員も施設環境や支援内容の改善に努めるインセンティブがはたらくのは間違いないだろう。

行動障害や依存症のような難しい支援が求められる仕事においては特にそうだ。大学や専門学校で学ぶ知識はほとんど役に立たず、国家資格を持っているからといって実効性のある支援ができるわけではない。利用者本人の心情を深く理解し、根気強く寄り添うことができなければ、支援の土台である信頼関係を構築することはできない。

では、誰がそのようなことができるだろうか。

自らが薬物依存から回復した経験のある人、その過程を苦しみながら共有してきた家族、長年当事者に寄り添って研究や支援を続けてきた人たちだと私は思う。いわゆる「当事者性」をもった人々である。「ダルク」という薬物依存の支援組織で働くスタッフのほとんどがそうだ。

世間から白い目で見られ、孤立したなかで薬物の誘惑と闘いながら回復の道を歩むのは容易なことではない。揺れて挫折しそうな人に長く地道に付き添っていくのである。時には踏み込んだ支援が必要な場合もある。

公的な制度に縛られて行う仕事は、個人情報の扱い一つにしても慎重な手続きと管理が求められる。調査をする際の権限と責任、何かトラブルが起きたときの責任の所在、他機関と連携する際の手続き、予算の管理と職員の労務管理……。ちょっとした仕事でも形式的な手続きと管理が求められる。その揚げ句に誰も責任を取りたくなくて、何もしない稟議書《りんぎ》とはんこが積み重なるばかりで、困窮状態にある人を救えない。これでは何のための、誰のための制度なのかわからなくなる。

当事者性のある人がそうした「形式」を軽々と飛び越えていくのを何度も見てきた。何か権限があるわけはなく、予算も十分にはない。当然、失敗したときのリスクはある。

それでも彼らが果敢に現場に飛び込むのは、「やむにやまれぬ思い」があるからだろう。誰だって、自分の子どもが殴られているのを見たら、自分の大事な人が救いを求める声を発しているのを聞いたら、飛んでいくはずだ。権限があるかないか、手続きを踏んだかどうかなど関係なく、いてもたってもいられない気持ちになるだろう。

悲惨な児童虐待が起きるたび、対応が後手に回る児童相談所への批判が起きる。政府は児童相談所で働く児童福祉司の数を増やし、通報があったら48時間以内に安否確認をするルールを決めたり、警察や弁護士との連携を強めたりする対策を次々と打ってきた。それでも、児童相談所が連絡を受けてかかわりながら、子どもを救えないという「失敗」が繰り返されている。

虐待の通報件数は増加の一途をたどっており、児童福祉司の増員がそれに追いつかないことが大きな原因ではあろう。子どもの目の前で夫婦間の暴力が行われることも心理的虐待に当たると定義が変更されたため、DVの現場に立ち会う警察からの通報が増え、ますます児童福祉司の仕事が過重になっていることも指摘される。

あまり語られてはいないが、児童相談所で働く職員に当事者性が薄いことも深刻な要因のように思える。長年、現場で子どものSOSに向き合ってきた職員のなかには当事者性の強い職員がいるのは事実だとしても、児童相談所の職員は、県職員の人事異動のサイクルに合わせて2~3年で交代するのが恒常化している。どれだけ職員研修を手厚く行っても、ざるで水をくむようなもので、専門的な実践力や当事者の心情を理解する力が職員のなかに蓄積されることはない。

3 ゆっくり歩くと風がやさしい

「だめなところ」「できないこと」ばかりに目を向けられる。家庭ではだめなところを直すようにしつけをされ、学校でもできないことに赤を入れられる。みんなと同じようにできることがとりあえずの目標——。そんな環境で育ってきた子どもは多いのではないか。

しかし、できないところばかり見られたら自信がなくなる。息苦しくなって、おもしろくない。ありのままを受け入れ、よいところを見て褒めてはどうだろう。

誰よりも速く走り、先頭でゴールするだけが幸せなのではない。

ゆっくり走らなければ見えない風景もある。

何度失敗してもいい。失敗が許されなければ冒険も挑戦もできない。

内面を深く見つめ耕す人たち

ひきこもりを、あまりネガティブにとらえてばかりではいけない。ひきこもっているから、誰かを傷つけたり、自分を殺したりすることもせずに済んでいるのかもしれない。命がけで自分を守りながら、自らの内面を深く見つめて耕している。そんなふうに思えてくる。

いじめや虐待に傷つき、疎外されている人のなかにも、自分の内面を見つめる繊細な感性に、みずみずしい美しさを感じさせられることがある。

学歴社会に敷かれた正規の路線から外れてしまった存在のように見られてきたが、必ずしも彼らの内側で起きていることが知られているわけではない。多くの人がストレスの多い社会を生き抜くなかで、無意識のうちに感覚を鈍麻させ、忘れてしまったものがそこにある。ごまかしたり、知らないふりをしたりすることができないからこそ残っている、むき出しの弱さ、混じりけのないやさしさのようなものを感じたりもする。

そうした人々の内面世界を表した文章を社会に広く知ってもらいたいと思い、創刊したのが「こもれび文庫」である。

「創刊」といっても単行本や文庫本を作って書店に並べてもらおうというのではない。彼ら

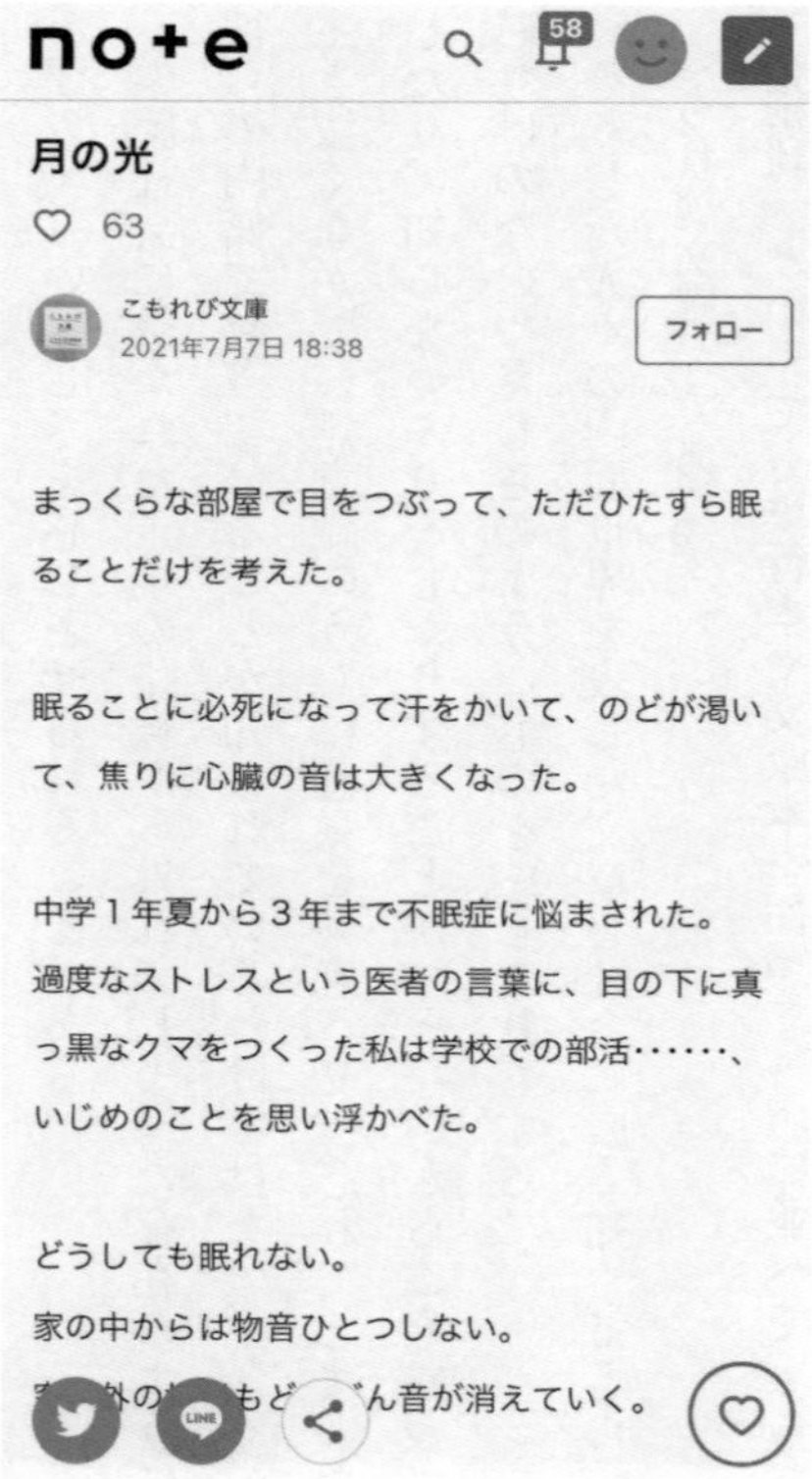

こもれび文庫
https://note.com/comolism/

の書いた文章をネットで公開していくのが主な活動だ。

こもれびの「こも」は、「ひきこもり」と「common（共通の）」から考えた造語である。木々の間からこぼれ落ちてくる光（木漏れ日）のように、やさしく、あわく、土の中の小さな生き物たちを育みたい。どんな命にも降り注ぐ光でありたい。そうした文化を創造し、皆が参加できる「居場所」にしたい。そんな思いを込めている。

現在は、私が授業やゼミを持っている植草学園大学や上智大学、東京大学の学生、ＯＢらが書いたもののなかから、「こもれび文庫」の趣旨に合った作品を選んで掲載している。

大学の教員として日常的に学生たちの書いた文章に接している私は、そこにみずみずしい才能や感性があることに気づいた。「多くの人に読んでもらいたい」という思いが少しずつ高まり、知人らに学生の文章を見せたところ、「こもれび文庫」の企画に共感を得たというわけである。

作品のレイアウトや校正、ウェブサイトの作成や運用なども、学生たちが担ってくれた。授業や就活、アルバイトの合間にオンラインでやり取りをして、作業を進めた。世界のどこからでも読んでもらえるように、語学が得意な帰国子女の学生が英訳したものを流してみた。

第1回としてリリースしたのが「月の光」という上智大学の女子学生が書いた文章だ。

月の光

まっくらな部屋で目をつぶって、ただひたすら眠ることだけを考えた。

眠ることに必死になって汗をかいて、のどが渇いて、焦りに心臓の音は大きくなった。

中学1年夏から3年まで不眠症に悩まされた。

過度なストレスという医者の言葉に、目の下に真っ黒なクマをつくった私は学校での部活……、いじめのことを思い浮かべた。

どうしても眠れない。

家の中からは物音ひとつしない。

窓の外の世界もどんどん音が消えていく。

世界が真夜なかに向かっていく中、私の心臓の音はよく響いた。

起きているはずがないと思いながら、まっくらな部屋のなかで電話をかけた。

「もしもし」

その言葉に飛び上がった。

「この間、目の下のクマをみて、もしかしたら眠れてないのかなと思って。いつか電話をかけてくるかもしれない。その時は絶対に電話に出てやろうって、おじいちゃん待っていたんだよ」

汗がひいて、涙が出た。

「まっくらなところで電話をしていると、ひとりぼっちに感じる。でも電気をつけると体は目覚めちゃうから、外の月明りにあたってごらん。おじいちゃんも同じものを見ているよ、安心するだろ」

横浜の何もない街の夜空は月と星の光がよく見えた。

細くてやわらかい光のなかで、こそこそおしゃべりをした。
おじいちゃんの低くてゆっくりで温かい声は、
私のすべての電源スイッチを優しく切っていった。
私だけが知っている真夜中の光。
まっくらだと思っていたなかにも、私に当たってくれる光はあった。
パチッと電気がついた。
「こんな時間に誰と電話しているの」
母の声が聞こえたのだろう。
「知らないって言いな。いつでも電話しておいで、愛してるよ、おやすみ」
おじいちゃんは早口で言った。
不眠症が夜更かしになった秋。満月の光にあたって、私は眠った。

時代を反映する文学

文化や文学というものは、その時代の社会や政治や経済を土壌にして芽を出してくるものであり、切り離して考えることはできない。かつて資本主義への批判や階級闘争のなかから生まれたプロレタリア文学のように、現実の政治とは異なる舞台で政治思想が昇華した文化や芸術は数多く存在する。

直接的な政治課題とまでは言えないテーマについてもそうだ。最近は、認知症や発達障害やＬＧＢＴのような性的少数者をテーマにした小説や映画が毎年のように登場しているのも時代的な必然性ゆえのことだろう。既存の社会環境や価値観との相克から生み出されるのは、国家が営む政策や制度だけではない。文章や映像などの表現活動による作品も時代を彩る文化として花開くのである。

認知症や発達障害をテーマにした作品は、シリアスな内容だけでなく、ユーモアや風刺を含んだユニークなものが少なくない。ただし、笑いのなかにも悲しみや社会に対する怒りが潜んでいるのは、だいたいどの作品にも共通している。

その時代の社会とほどよく適合し、安穏さを享受しているところからは、政治や思想に影響を与えるような社会性を帯びた芸術は生まれない。差別や疎外の苦しみ、怒りが昇華したものとして、優れた文学や芸術作品がしばしば歴史に登場する。それほどの熱量のある情感ではなくても、その時代の空気というものが文化や芸術活動にさまざまな形で反映されてきたとはいえるだろう。

先に紹介した「月の光」という現役大学生の小品を文芸と呼べるものなのかという判断はさておき、高校時代に部活の仲間からいじめを受けた彼女は、怒りをぶつけたり声高に抗議の声を上げたりはしない。沈黙のなかで眠れない夜を一人過ごしているのである。それに気づいたおじいちゃんも彼女に直接聞いたり、学校に問い合わせたり抗議の電話をかけたりはしない。孫娘からかかってくる電話を一人でずっと待っている。

そこには言葉や声によるコミュニケーションはない。電話や郵便どころかメールやSNS（ネット交流サービス）がこれだけ発展し、誰もが便利なコミュニケーションのツールを使うようになったにもかかわらず、孫娘とおじいちゃんの間には夜の沈黙が横たわっているだけなのである。おじいちゃんからすれば、可愛くて仕方のない孫娘の苦悩に気づき、自分のほうが眠れない夜を過ごしているはずなのに、ただひたすら待っている。

静かで、孤独で、切実なもの。それが現代の若者たちを包んでいる悲しみや苦悶《くもん》なのだと思う。長い老後を送ることになった世代が自分の感情を犠牲にして、ただじっと待っているやさしさが読者の心に染みてくる。経済成長や人口増加が終焉《しゅうえん》を迎え、静かに長い坂道を下りていく時代の空気というものがそこにある。

若者が社会に怒りをぶつけるのではなく、内側にエネルギーを向けている現代においては、内省の文学、「ひきこもり文学」というものがあっても不思議ではない。

学生たちの文章を読んでいると、実に多くの人がいじめられた体験、いじめを見ながら止められなかったことに、今も傷ついていることに驚かされる。決して「月の光」だけではない。親からの虐待や家族内の不和、学校での教師による体罰や理不尽な指導による影を引きずっている学生も多い。

その苦しみや悲しみはそれぞれ異なり、彼らに伸びてくる救いの手、彼ら自身が乗り越えていこうとする過程も千差万別だ。かけがえのない青春の時を、命がけで生きようとしている切ないばかりの姿が浮かぶ。そこには誰にも知られていないドラマがある。

人間の欲望が膨張し、経済や科学技術の発展によって繁栄した文明が行き詰まりを見せているとき、人間が自らの内側に向けて思考のエネルギーを沈めていくのは自然の流れに合っているように思える。自然の秩序を破壊し、搾取する人間の欲望を鎮めなければ、世界は破綻してしまうだろう。

そんな言い方をすると突拍子もないように思われるかもしれないが、何世紀にもわたる大きな時の流れから眺望するとき、ひきこもりが象徴する現代の日本の若者の内向き文化は、これまでとは違った輝きを放っているように見えてくる。

居場所とは何か

「居場所支援」という言葉が地域福祉の分野で聞かれるのは、今に始まったことではない。子どもの貧困の深刻さが社会問題とされるのにしたがい、子ども食堂や学習支援のスペースなどを開設し、食事や勉強を支援する場としての「居場所」の重要性が指摘された。

最近は、地域共生社会を論じるなかでよく用いられるようになった。ひきこもり、8050（80代の親と50代の子どもが孤立している状態のこと）のように、生活困窮になりながら地域で孤立している人の居場所をつくっていこうというのである。多世代の交流の場所や地域づくりの拠点となるような場所が目指されている。子ども・高齢者・障害者というように公的な福祉制度は何かと縦割りになりがちだ。しかし、現在の課題は制度の狭間で福祉サービスの手が届かないところに深刻な状況が生まれていることにある。

居場所というのは、物理的な建物や空間ばかりではない。誰かの目を気にすることなく安心していられる場、何かしらの役割や存在意義が感じられる場であることが、「居場所」という言葉に込められた意味だ。いや、実際には役割や価値なんてなくても、受け入れられている実感があればいいいと思う。

家庭や学校に自分の「居場所」を見つけられないという子どもたちがいる。ゲームセンターやコンビニの駐車場でたむろしていると、「ぐ犯」として警察などから検挙や指導の対象になる。行き場のなくなった彼らは、ネット空間に居場所を求めている。ネットというと、出会い系サイトや自殺をほう助するサイトでの未成年者の被害が思い浮かぶかもしれない。匿名の電子空間は大人の目が届かず、子どもたちを食い物にする闇社会が広がっているようなイメージをもつ人も多いだろう。

しかし、ネットは家庭にも学校にも居場所を見つけられず、街からも締め出された子どもたちがたどり着く安住の場にほかならないのだ。匿名の空間であるからこそ、誰にも干渉されず、誰の目も気にせずに安心して呼吸のできる場所なのである。

どこの誰かもわからないもの同士の交流の場が必ずしも最善とは思わないが、社会の規範や人間関係にストレスを感じ、他人の視線から逃れてきた若者たちにとっては、たった一つ残されていた居場所とも言えるのではないか。

「こもれび文庫」をネットで公開しているのは、そのためでもある。具体的には、「note」というネットで文章や映像を公開できるメディアプラットフォームを利用して発信している。noteは基本的に誰もが無料で公開・購読できるため、月間の利用者は２０００万人を超えるとされる。さらにフェイスブックやツイッターなどのＳＮＳに転載して、関心のある人たちに読んでもらっている。

現在ひきこもっている人は、自宅から外に出られない、誰かと直接会うことができない人たちだ。あるいは、次に紹介する「汗」の作者のように、摂食障害などによって病院で毎日を送っている人もいる。学校や社会との軋轢《あつれき》、人間関係からくるストレスによって、摂食障害などの依存症やうつが若年層に広がっている。

いじめ、虐待などの被害に遭い、その傷に苦しんでいる人のなかには、自分の胸のなかに抑えているという人もいるだろう。

福祉施設や公的な建物内に交流の場所を設置しても、そこにやってきて自分の居場所とするということは想像できない。世間の生活サイクルからずれている人も多いはずだ。

自分の好きな時間に、好きな場所からアクセスし、似たような経験をしてきた人の文章にふれ、さまざまな意見や感想を目にして、自由にサイトから出ていくことができる。

その気になれば、自分も何かしら書いて投稿することもできる。自分がなにものなのか誰にも気づかれず、自らの内面にあるものを表現し、それが見知らぬ誰かに読んでもらって何らかの影響を及ぼす。曖昧で不確かではあるけれど、そういう社会とのつながり方のなかに自分の居場所を見つけられるのだとしたら、私はそこに積極的な意味を見出したいと思う。

たとえ意味などないとしても、ネットの匿名での空間にしか居場所を感じられない人が広がっていくのは間違いない。

汗

「いい汗だね」

汗？

汗をかくって、何だろう。

小さい頃から摂食障害による入退院の繰り返しで、私は外に出ることがなかった。

食べる事はおろか、コップ1杯の水でさえ、私は喉を通らなかった。

きっと、身体の中の水分なんて枯れていたのかもしれない。

経管栄養のチューブに繋《つな》がれ、無理矢理栄養と水分を流し込まれても、

私の身体に水分が染み込むことは無かったように感じる。

太陽の日差しも、夏の暑さも、外から聞こえる蝉《せみ》の声も。

冷暖房で管理された、何不自由ない病院内から見る外界は、

どこか違う世界の光景のようだった。確かにそこには、命ある時間が流れている。

一方無機質な病室で〝生かされている〟私の時は、止まったたまま。

「暑いね」
「この部屋涼しくて気持ちがいいね」
ある夏の日。
同じ小児病棟に入院している子どもたちが、院外の活動を終えて帰ってきた。
みんな湿った肌に髪や服がベタベタ張り付いて、とても気持ち悪そうに見えた。
でも、みんなはとても楽しそうだった。
温かなお風呂で汗を流し、美味《おい》しいご飯を食べて、眠りにつく。
何だかとても幸せそうで、イキイキとしていた。
汗をかくってどんな感覚だろう。
13年生きて、ようやく私はそれを知りたいと思った。
1年後の夏。私は辛い治療を経て、ようやく健康な身体を手に入れた。
運動制限も解除され、思いきり外を走り回れるようになった。
夢中になって走って、一息ついた時、
つーっと何かが私の額を伝い、地面にぽとりと落ちた。
「いい汗だね」
先生が私に声をかけた。

そうか、これが汗なのだ。
火照る身体も、上がる息も、激しく高鳴る心音も、そしてとめどなく流れてくる汗も。
あぁ、私、生きている。
嬉しくて、嬉しくて、全身でそれらをいっぱいに感じ取った。
口に入った汗は少し、しょっぱい味がした。

役に立ちたい、助けたい

幼い頃から摂食障害で入退院を繰り返していた彼女は、汗をかいた経験がない。あったのかもしれないが、病院で過ごす時間が長い中で、汗をかくという感覚をすっかり忘れていたのだろう。

私たちが当たり前と思っていることが、そうではないという子どもや若者はたくさんいる。

子ども食堂にやってきた女の子が「鍋をみんなでつつくって本当にあるんだね」と話したことを、貧困問題に取り組んでいる湯浅誠さんから聞いた。家族で鍋を囲んで食べているシーンをテレビでは見たことがあるけれど、実際には家族で食事を共にする経験がないために驚いたというのだ。

「誰かを支援するということは、自分の当たり前を問うことです」。湯浅さんはそう言った。みんな自分が経験したことに基づいた常識を尺度にして他人を見ている。「1億総中流」の時代には同じ水準の公教育を受け、同じテレビを見て育ってきた子どもがほとんどだったが、今は価値観がバラバラに解かれた社会に子どもたちは生きている。想像力がなければ社会の連帯などできない時代になったことを知るべきだと思う。

摂食障害から回復して健康な体を取り戻した彼女が、夢中になって外を走ったとき、額から一滴の水が落ちた。それを彼女は汗だと気づく。そのような生命の素朴な現象に新鮮な感動を覚えたのは筆者だけではないはずだ。

つらい思いをしているのはあなただけじゃない……。そんなメッセージをいじめに悩んでいる人、ひきこもって孤独のなかにいる人に届けたい。

「こもれび文庫」は、そのような目的で始めた。どこかで誰かが孤独に震えている。疎外のなかで心がひび割れている。自分には経験のないことだったとしても、想像力をはたらかせて、そんな現実があることを思い浮かべてほしいと思う。

当事者から返信が届くのを待っているが、そう簡単には来ないだろう。それでも、どこかで誰かが読んでくれることを願って、毎週リリースしている。

ところが、始めてみると意外な反響が届くことに驚かされた。

「いい話ですねえ」「感動した」などという感想が、中高年の人々から寄せられるのである。

「月の光」は、読んだ直後に目を真っ赤にして涙ぐむ50~60歳代の男性が何人もいた。学校でいじめにあって眠れなくなった女の子が真夜中、おじいちゃんに電話をしてしまう。すぐに電話に出たおじいちゃんが言う。「もしかしたら眠れてないのかなと思って。いつか電話をかけてくるかもしれない。そのときは絶対に電話に出てやろうって、おじいちゃん待っていたんだよ」

こんなおじいちゃんになりたい、と中高年の男性たちは涙声で話すのである。

もしも、自分の娘だったら、孫だったら……。そう思うといても立ってもいられなくなるのだろう。実際には、自分の子どもがどんなことに悩んでいるのかをよく知らず、こんな目に遭っていたかもしれないということに初めて気づく人もいるに違いない。そういう後悔や罪悪感のようなものがうずくのかもしれない。

社会的な地位もあり、やりがいのある仕事をして、気のおけない仲間もたくさんいる大人でも、誰かの役に立ちたいと思っているのだ。困っている子がいれば助けたい、たとえ真夜中でも明け方でも、救いを求める電話がかかってきたら絶対に取ってやりたいと自分でも思ったのだろう。

「居場所」を求めているのは、貧困の子ども、いじめや虐待にあった子どもだけではない。大企業の正社員という安定した居場所を確保していた「勝ち組」も中高年になって人員整理の対象とされる。バブル期に就活が当たるという幸運に恵まれた世代も、晩年に氷河期が待っているかもしれないのだ。出産や子育てをしない男性という優位な立場だからこその「勝ち組」だったのかもしれない。

そんな彼らも生産性を上げて競争に勝つことを求められ、成果を出せなければ淘汰される。長時間の残業を強いられ、神経をすり減らしながら乾いた毎日を過ごしてきたに違いない。老後の長さが現実のものとして感じられるようになり、その入り口で立ちすくんでいる姿が浮かぶ。

やさしさを誰もが求めている。誰かにやさしくすることができる自分を探している。

世界が崩落するような危機に襲われたとき、誰もが弱い自分を知り、弱いものを守ろうと手を伸ばす。阪神・淡路大震災、地下鉄サリン事件、一億総中流の崩壊……。そのあとに起きた奇跡のような、小さなやさしい風を信じたい。

ゆっくり歩こう。坂道を駆け上がっているときには感じられない風が吹いてくるはずだ。ゆっくり歩くと、風はやさしくなる。

終章

宝の島はどこにある

宝の島を目指して出航したところ、漂流した舟に私たちは乗っている。たくさんあった食べ物は減り、元気がなくなって舟を漕ぐ人が減ってきた。嵐に見舞われて舟もあちこち傷んできた。舟の中は不安が広がり、剣呑な雰囲気になった。

「舟を漕げない人の食べ物や水は少なくしよう」

汗水流して舟を漕いでいる人を見ながらリーダーが言った。「なんてことを……」と内心では思ったが、体の弱い人や病人の食べ物や水は減らされた。そうしなければ生きていけないとみんなが思ったからだ。

人口減少と高齢化が進んでいくなか、どうやって弱者を守っていけるのか、というのが「漂流した舟」の話である。

みんなの負担になっている人は殺してしまえばいい――と考えて津久井やまゆり園で19人の障害者の命を奪ったのが植松聖死刑囚だ。

情報テクノロジーの進化が個人と世界を近づけ、ネット空間のなかで私たちは知りたいことを何でも知り、やりたいことは何でもやれるようになった……と思っている。仮想空間での錯覚であり、現実は思うようにならないことが多いが、やれると思い込んでいる。万能感とともに欲望は膨れ上がり、現実との落差に気づいたときには茫然とするのだが、それでも欲望を抑えることができずにいる。横並びの価値観や同調圧力のなかで競争を強いられていると、そこから飛び出すことは敗北を意味するように思えてくる。

現代人の煩悩を思うとき、たとえ「生きる価値がない」と決めつけられても何も言わない（言えない）人の存在が従来とは違う価値を帯びてくるのを感じる。私たちがさいなまれるストレスのほとんどは人間関係から来るものである。怒り、妬み、やっかみ、羨み、恨み、憎悪、怨嗟……。そうした負の感情がどれだけ私たちを苦しめ、社会のなかで痛々しい確執をもたらしていることか。

重度の知的障害者や寝たきりに近い重複障害者にもそうした感情はあるのだろうか。あったとしても、自分のなかで膨れ続ける欲望に圧迫されている私たちとはかなり違うものであるはずだ。

1996年から職場や施設内での障害者に対する虐待事件を取材し報道した。

暴力と抑圧、搾取のなかで彼らはおびえ、怒りの声を上げることすらできずに虐げられていた。本来であれば障害者を守るべき家族も、行き場のなくなることを恐れて声を上げられずにいた。

ひどい虐待を国民に知らせ、理不尽な状況に置かれている障害者の存在を記事にした。虐待の悲惨な実態を伝える記事は読者や国民の反響を呼んだ。それが政府の障害者政策に影響を与えたのは間違いない。

報道がきっかけとなり、弁護士や障害者団体による権利擁護の活動が本格的に始まり、福祉現場でも虐待防止の取り組みが活発になった。障害者虐待防止法、差別解消法などをはじめとする法整備にもつながった。

しかし、今思い返してみると、報道した事実は取材現場で見たり聞いたりした障害者の生活のすべてではない。むしろ、ほんの一部しか報道しなかったことを認めないわけにはいかない。たしかに彼らは怒りに震え、無力感に陥り、悲しみに暮れていた。そんな障害者たちではあったが、仲間とのふれあいや感情の交流のときに見せる顔は輝いていた。閉鎖的な施設に閉じ込められているように見えても、そのなかで彼らの生活の楽しみというものはやはりあった。重度の障害があっても太陽の日のぬくもりを肌に感じ、吹き渡ってくる風を頬に感じたときの幸せそうな顔は輝くような美しさを感じさせたものだ。

そうした日常の情景は、社会問題の提起を目的とするジャーナリズムの価値観からすればわざわざ報道するほどのものではないだろう。

むしろ、ひどい虐待の事実を読者に伝えようとする記事の趣旨をゆがめ、効果を薄れさせてしまうかもしれない。報道の現場にいる者であれば誰しも無意識のうちにそう考えるのではないか。

ただ、過酷で理不尽な人生のなかにあっても、彼らの喜びや幸せに満ちた笑顔を私は忘れることができないのである。恨みや怒りの感情だけで人間は生きてはいけない。どんな状況のなかでも心地よい居場所や胸がときめく出会いを誰もが求めているのだと思う。

あまりにもささやかな幸せではある。ささやかだが、情報や欲望に満ちた現代人の私たちがそうした負の感情に苦しんでいるのとはかけ離れた心の平和を彼らに感じる。ある種の豊かさと言ってもいい。後に私がアール・ブリュット(生《き》の芸術)と呼ばれる知的障害者の絵画や陶芸作品に遭遇したときに感じたユーモアやのんびりした心の平和とどこか通底している。

私たちはあまりにも多くのことを知り、多くのことを体験し、思考や感情の氾濫のなかで生き物としての人間が本来持っている素朴な希望や喜びを失ってきたのではないだろうか。欲望とストレスにもだえ苦しむ現代人には手が届かない幸福でもある。「この子らを世の光に」の今日的な意味はここにある。

重度知的障害者や寝たきりに近い重複障害者は一人では生きていけない。彼らの支援にはお金もかかる。しかし、障害のない人々だって一人で生きていける人はいない。目に見えない無数の依存関係のなかで、つらいことも多い人生を誰もが生きているのだ。その依存関係のなかに重度の障害者も当然のように含まれており、彼らの存在なくしては生きるのが難しい人だってたくさんいる。

漂流する舟のなかでは誰もが不安で疑心暗鬼にかられるものだ。オールを握って漕いでいる人だけが舟を進めているわけではない。漕ぐことができない人も見えないところで誰かの支えになっている。前だけ見ていると、それに気がつかなくなるだけだ。

舟を漕ぐ力のない人を排除したとしても、次はいつ自分が海に落とされる番になるかわからない。誰もが年を取り、障害や病気になる可能性がある。食べ物や水がなくなる前に舟の中のコミュニティーは崩壊してしまうだろう。

排除は解決策にならない。むしろ破綻を早めるだけである。断裂と不信がもたらす深刻さを私たちは認識しなければならない。

そして、あるかどうかわからない「宝の島」を目指すような社会のあり方も考え直すときに来ている。

人間の幸せはもっとささやかなものであったはずだ。科学技術が欲望を膨らませ、際限なく肥大化していく欲望が地球を破壊し人間を押しつぶそうとしている。それなのに、手に入れた繁栄は制御したり手放したりすることができない。そこに現代を生きる人々の煩悶がある。

経済的な繁栄や科学の進歩だけが人間に幸福をもたらすわけではない。大きな成功や富がないとしても、もともと人間は素朴な幸せがあれば生きていける。それを教えてくれるのが重度障害者たちである。

自分の身近にある小さな幸せのありがたさを感じるのがとても難しい時代だからこそ、重度の知的障害者や寝たきりに近い重複障害者がこの社会に必要なのだと思う。


フランスの歴史人口学者であるエマニュエル・トッド氏に2016年と2017年の2回、パリでインタビューした。乳幼児死亡率や出生率などの統計から、その国の内部で何が起きているかを推論するトッド氏はソ連崩壊、アラブの春、アメリカのトランプ大統領誕生、イギリスのEU脱退などを予言しては当ててきた。大の日本びいきである彼は「このままでは40年後に日本があるかどうかわからない」と私に言った。

日本政府の少子化対策、人口減対策の手ぬるさ、介護も育児も家族が担い過ぎている実情を憂え、急激な人口減少が国家として機能不全をもたらすと警告したのだ。人口減少はゆっくりと静かに進行し、気づいたときには手遅れになる。どれだけ対策を講じても雪崩のように人口は減っていく。実際、最後のインタビューから5年後の2022年に生まれた子どもは77万747人。終戦直後には年間270万人近くが生まれていたのと比べると、3分の1にも満たない。一人の女性が生涯に産む子どもの数である合計特殊出生率は1・26で、2005年と同じ水準だ。ところが、２００５年の出生数は１０６万２５３０人なのに、２０２２年は約77万人だ。現役世代の女性の人口が減少しているからで、出生率は同じでも出生数は約30万人も少ない。急坂を転げ落ちるように人口減少は止められないのだ。

政府は「異次元の少子化対策」を看板に児童手当の拡充や教育費の負担軽減などの政策を打ち出すのに躍起となっている。それまでも保育所の増設、保育士の増員などを行ってきたが、効果は限定的なものにすぎない。

結婚したい人はできるようにし、子どもを産み育てたいカップルにはそれを可能にするための政策は必要だ。

しかし、政府の少子化対策の構想には、生まれてきた子どもたちを大事にするという重要な視点が欠落している。虐待、いじめ、不登校、自殺などは過去最悪の水準を続けている。大人たちから虐げられ、抑圧されてきた子どもが将来、家庭を持って子育てをしたいと思うだろうか。

かつての「勝ち組」だった中高年正社員たちもまた、経済の一層のグローバル化やＡＩの進化と普及によって時代の歯車から振り落とされて踏みつぶされようとしている。老後への不安と疎外にさいなまれている寂しい背中が黄昏に浮かぶ。いずれ重い負債を背負わされることがわかっている世界へ望んで生まれてくる子どもがいるだろうか。

このままでは日本はなくなってしまう。

その危機をもっとリアルに感じ、社会の価値観を根底から変えなければならない。少子化対策のためではなく、今を生きている子どもや若者やすべての大人たちのために、人間の弱さを愛しむことのできる社会になってほしい。手に入れたものを失っていきながら、生きていることの奇跡を感じられるようになりたい。

バブルが崩壊した直後、阪神・淡路大震災と地下鉄サリンという未曽有の危機に見舞われながら、小さな風が吹いた。悠久の宇宙の中であまりに小さくはかない自分たちの存在に気づいた人々が無意識に起こした風だった。それは福祉制度の充実という形で弱々しくも今日まで続いてきた。これからは人々の内面世界へ吹き渡り、新しい価値観に世界を染めていく風にしなくてはならない。

おわりに

不機嫌な顔をした刑事はカバンから取り出した1枚の紙を私に見せた。ウイスキーのボトルはほとんど空いている。

警察が苦手で、夜遅く刑事の自宅を訪れる夜回り取材は特に嫌だった。けんもほろろに追い返されてばかりだったが、同情して自宅に上げてくれる人もなかにはいた。

差し出された紙には1年近く前に他県で発行された新聞の地方版がコピーされていた。人間の頭部が海岸で発見されたという記事だった。入水自殺した人の遺体が漁船に巻き込まれて切断されたもので、事件性はないと警察が断定したと書かれている。

目の前の刑事は若い女性のバラバラ殺人事件の捜査に携わっている。容疑者は逮捕されたが、頭部だけは見つかっていない。この記事は、数か月前に頭部が発見されながら、事件性がないと誤った判断を地元警察がしたことを物語っている。

「鑑定すれば何で切断されたのかすぐにわかる。ウソをついて仕事をサボったということだ」刑事は酔った声でつぶやいた。殺人事件だと知りながら握りつぶした。警察として許されない背信行為だった。

他県の警察の不祥事とはいえ組織ぐるみでかばい、その事実は秘匿されていた。先輩記者の助けも借りて慎重に裏づけ取材をしたうえで、そのことを記事にした。私にとって初めての特ダネだ。

朝刊に記事が載った日、警察本部は蜂の巣をつついたような騒ぎになった。警察官が捜査情報を新聞記者に漏らすのは厳密には公務員の守秘義務違反になる。しかも身内の不祥事を漏らすのは組織への裏切り行為と見られる。

他社の先輩記者たちが青い顔で記者クラブを慌ただしく出入りする。特ダネ競争で負け続けの駆け出し記者が、突然スクープを放った。痺れるような感覚に私は襲われた。勝者が味わう快感はゲームの大きさとは比例しない。

それから世間の耳目を集める事件にめぐり合う機会が増え、そのたびに助けてくれる刑事との出会いがあった。

なぜ、あのとき刑事は身内の不祥事を私に漏らしたのだろう。折りに触れて頭をよぎった。負けてばかりの新人記者をかわいそうだと思ったのか。事件取材は向いてないという自覚はあったが、正直に謙虚に仕事はしようと努めたところが気に入られたのかもしれなかった。

「取調室で容疑者を心の底から改悛《かいしゅん》させ、真人間に戻して死刑台に送るのだ」という刑事がいた。

そんなかっこよい人ばかりではないが、命のやり取りを本分とするのが刑事という仕事であるならば、気まぐれや仏心で身内の不祥事をマスコミに漏らしたりはしない。

殺人事件とわかりながら握りつぶした同僚のウソと怠慢が許せなかったのだ。巨大な警察組織に属しながら、刑事という専門職への強い矜持がそこにある。

それを私が確信したのは35年後、自分が新聞記者を辞めてからだった。大手新聞社の名刺一枚あればどんな要人にもたいていは会える。記者もまた自分が属する組織よりジャーナリストという専門職のアイデンティティーが優先されなければならない。それに耐えられる仕事をしてきたのかという自戒の痛みが今になって疼く。

それは刑事や新聞記者だけでなく、官僚や教師や福祉職員など、どの職業にも共通しているのではないかとも思う。組織の同調圧力に支配され流されているうち、自分が何者なのかわからなくなる。「個」としての自らにアイデンティティーを見出せない大人たちの不安が社会を委縮させる。

長い年月を経なければ見つけられない真理があるのだとも思う。

バブルのあとの日本社会に起きたことを夢中になって報道してきたが、今振り返ってみるとあらゆるものが必然の糸でつながっているように思える。ジャーナリズムは歴史の最初の記録者ではあるが、歴史の真実は後の世にならなければわからないことがある。社会の最前線で目撃した者がその後の経過を追いながら過去の出来事を意味づけし、歴史を加筆修正していくことも重要な役割ではないか。「スロージャーナリズム」と私はそれを呼んでいる。

誰がどのような角度で見るかによって一つの出来事も異なる色彩を帯びて見えてくる。中立公正、不偏不党の客観報道にこだわるよりは、自らの立場を明らかにしたうえでじっくり時間をかけて深層へ踏み込んでいくことも「スロージャーナリズム」の役割と思っている。社会が多様化し、個人と社会をつなぐ情報の回路が無数に存在するようになった時代だからこそ、発信者のアイデンティティーの明示が求められているのだと思う。本書が「スロージャーナリズム」の可能性の一端を示すことができたのであれば幸いである。

2023年8月

野澤和弘

野澤和弘
のざわ・かずひろ

毎日新聞客員編集委員、植草学園大学副学長・教授
1983年、早稲田大学法学部卒業後、毎日新聞入社。
長らく社会部記者として、少年事件、いじめ、ひきこもり、児童虐待、障害者虐待などを報道する。
論説委員（社会保障担当）を10年間務めた後に退社し、現職。
一般社団法人スローコミュニケーション代表、東京大学「障害者のリアルに迫るゼミ」主任講師、
上智大学非常勤講師、社会保障審議会障害者部会委員なども務める。
千葉県が全国で初めて行った障害者差別をなくす条例の制定（2006年）には
研究会座長としてかかわる。
重度の知的障害・自閉症のある子どもの父。

主な著書に『あの夜、君が泣いたわけ』〔中央法規〕、

『条例のある街』〔ぶどう社〕、

『わかりやすさの本質』〔NHK出版〕、

『スローコミュニケーション』〔スローコミュニケーション出版〕、

『なぜ人は虐待するのか』〔Sプランニング〕。

共著に『殺さないで～児童虐待という犯罪』『もう施設には帰らない1・2』〔中央法規〕、

『わたしの身体はままならない』〔河出書房新社〕、

『なんとなくは、生きられない。』『障害者のリアル×東大生のリアル』〔ぶどう社〕、

『福祉を食う～虐待される障害者たち』〔毎日新聞社〕など。

手がけてきた主な記事など［すべて毎日新聞掲載］

「ガラスのくに」［1994年、1面・社会面連載］
マスメディアとしてひきこもりの実態をいち早く報道。

「福祉を食う」［1996年、社会面連載］
障害者虐待事件を告発、世の中に大きなインパクトを与え、テレビドラマにもなった。新聞労連大賞を受賞。

「殺さないで　児童虐待という犯罪」［1998年～、社会面連載］
児童虐待の現実と法制度や支援体制の不備を伝え、のちの児童虐待防止法［2000年］のきっかけとなる。
日本ジャーナリスト会議ＪＣＪ賞受賞。

そのほか、薬害エイズ、いじめ、代理母（生殖補助医療）、介護ビジネスと高齢者の権利擁護などの記事や、社会保障担当として社説を担当［2009～2019年］、
「余禄」「探信音」「発信箱」「ネコのあくび」等の連載コラムも多数執筆。

弱さを愛せる社会へ

分断の時代を超える「令和の幸福論」

2023年9月10日 発行

著者◆
野澤和弘

発行者◆
荘村明彦
発行所◆
中央法規出版株式会社
〒110-0016 東京都台東区台東3-29-1 中央法規ビル
TEL 03-6387-3196
https://www.chuohoki.co.jp/
装幀◆日下充典
本文デザイン◆KUSAKAHOUSE
印刷・製本◆
株式会社ルナテック
ISBN978-4-8058-8945-9

定価はカバーに表示してあります。落丁本・乱丁本はお取り替えいたします。

本書のコピー、スキャン、デジタル化等の無断複製は、著作権法上の例外を除き禁じられています。

また、本書を代行業者等の第三者に依頼してコピー、スキャン、デジタル化することは、たとえ個人や家庭内での利用であっても著作権法違反です。

本書の内容に関するご質問については、左記URLから「お問い合わせフォーム」にご入力いただきますようお願いいたします。

https://www.chuohoki.co.jp/contact/